sekolah - σχολείο	2
berjalan - ταξίδι	5
pengangkutan - μεταφορά	8
bandar - πόλη	10
landskap - τοπίο	14
restoran - εστιατόριο	17
pasar raya - σούπερ μάρκετ	20
minuman - ποτά	22
makanan - φαγητό	23
ladang - αγρόκτημα	27
rumah - σπίτι	31
ruang tamu - σαλόνι	33
dapur - κουζίνα	35
bilik air - μπάνιο	38
bilik kanak-kanak - παιδικό δωμάτιο	42
pakaian - ρούχα	44
pejabat - γραφείο	49
ekonomi - οικονομία	51
pekerjaan - επαγγέλματα	53
alat - εργαλεία	56
alat muzik - μουσικά όργανα	57
zoo - ζωολογικός κήπος	59
sukan - αθλήματα	62
aktiviti - δραστηριότητες	63
keluarga - οικογένεια	67
badan - σώμα	68
hospital - νοσοκομείο	72
kecemasan - έκτακτη ανάγκη	76
bumi - Γη	77
jam - ρολόι	79
minggu - εβδομάδα	80
tahun - έτος	81
bentuk - σχήματα	83
warna - χρώματα	84
berlawanan - αντίθετα	85
nombor - αριθμοί	88
bahasa-bahasa - γλώσσες	90
siapa / apa / bagaimana - ποιος / τι / πως	91
di mana - που	92

Impressum
Verlag: BABADADA GmbH, Nedderfeld 112 , 22529 Hamburg
Geschäftsführer / Verlagsleitung: Harald Hof
Druck: Books on Demand GmbH, In de Tarpen 42, 22848 Norderstedt

Imprint
Publisher: BABADADA GmbH, Nedderfeld 112 , 22529 Hamburg, Germany
Managing Director / Publishing direction: Harald Hof
Print: Books on Demand GmbH, In de Tarpen 42, 22848 Norderstedt

sekolah

σχολείο

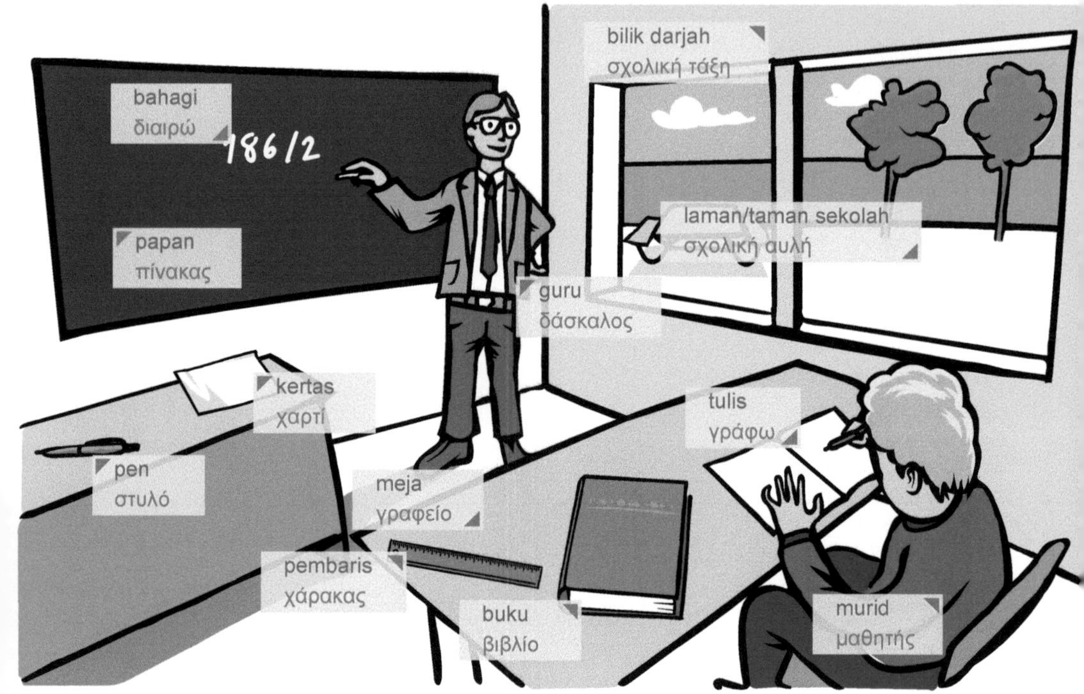

bilik darjah
σχολική τάξη
bahagi
διαιρώ
186/2
papan
πίνακας
laman/taman sekolah
σχολική αυλή
guru
δάσκαλος
kertas
χαρτί
tulis
γράφω
pen
στυλό
meja
γραφείο
pembaris
χάρακας
buku
βιβλίο
murid
μαθητής

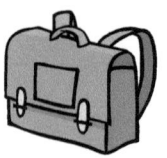

beg galas

σχολική τσάντα

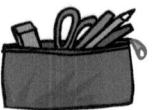

kotak pensel

κασετίνα/ μολυβοθήκη

pensel

μολύβι

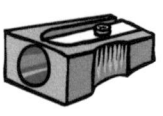

pengasah pensel

ξύστρα

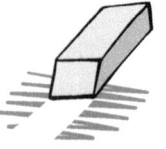

pemadam

γόμα

kertas lukisan

μπλοκ ζωγραφικής

melukis

ζωγραφική

berus lukis

πινέλο

kotak warna

κουτί χρωμάτων

gunting

ψαλίδι

gam

κόλλα

buku latihan

τετράδιο ασκήσεων

kerja rumah

εργασία για το σπίτι

nombor

αριθμός

tambah

προσθέτω

tolak

αφαιρώ

darab

πολλαπλασιάζω

kira

υπολογίζω

huruf

γράμμα

abjad

αλφάβητο

kata

λέξη

teks

κείμενο

baca

διαβάζω

kapur

κιμωλία

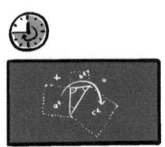

pelajaran

μάθημα

daftar

εγγράφομαι

peperiksaan

τεστ

sijil

πιστοποιητικό

uniform sekolah

μαθητική στολή

pendidikan

εκπαίδευση

ensiklopedia

εγκυκλοπαίδεια

universiti

πανεπιστήμιο

mikroskop

μικροσκόπιο

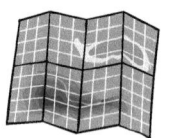

peta

χάρτης

bakul sampah

καλάθι αχρήστων

berjalan
ταξίδι

hotel
ξενοδοχείο
Grand
asrama
ξενώνας
ROOMS
pejabat tukaran mata wang
ανταλλακτήρια συναλλάγματος
EXCHANGE
beg pakaian
βαλίτσα
kereta
αυτοκίνητο

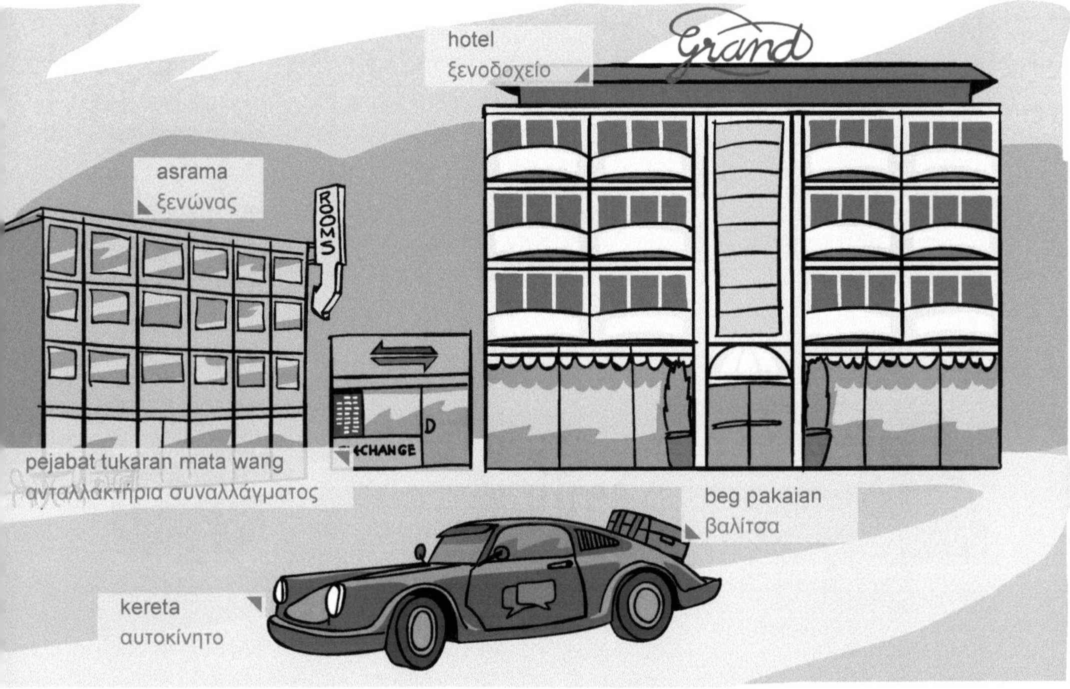

bahasa

γλώσσα

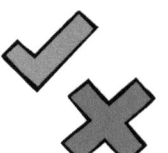

ya / tidak

ναι / όχι

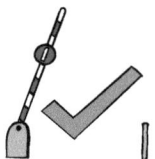

okey

εντάξει

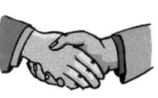

helo

γεια σου

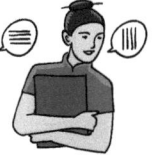

penterjemah

μεταφραστής

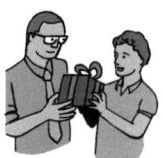

Terima kasih

Ευχαριστώ

berapa banyak...?

πόσο κάνει ;

saya tidak faham

Δε καταλαβαίνω

masalah

πρόβλημα

Selamat petang!

Καλησπέρα!

Selamat Pagi!

Καλημέρα!

Selamat Malam!

Καληνύχτα!

selamat tinggal

Αντίο

arah

κατεύθυνση

bagasi

αποσκευές

beg

τσάντα

beg galas

σακίδιο πλάτης

tetamu

καλεσμένος

bilik tidur

δωμάτιο

beg tidur

υπνόσακος

khemah

σκηνή

maklumat pelancong

τουριστικές πληροφορίες

pantai

παραλία

kad kredit

πιστωτική κάρτα

sarapan

πρωινό

makan tengah hari

μεσημεριανό

makan malam

δείπνο

tiket

εισιτήριο

lif

ανελκυστήρας

setem

γραμματόσημο

sempadan

σύνορα

kastam

τελωνείο

kedutaan

πρεσβεία

visa

βίζα

pasport

διαβατήριο

pengangkutan
μεταφορά

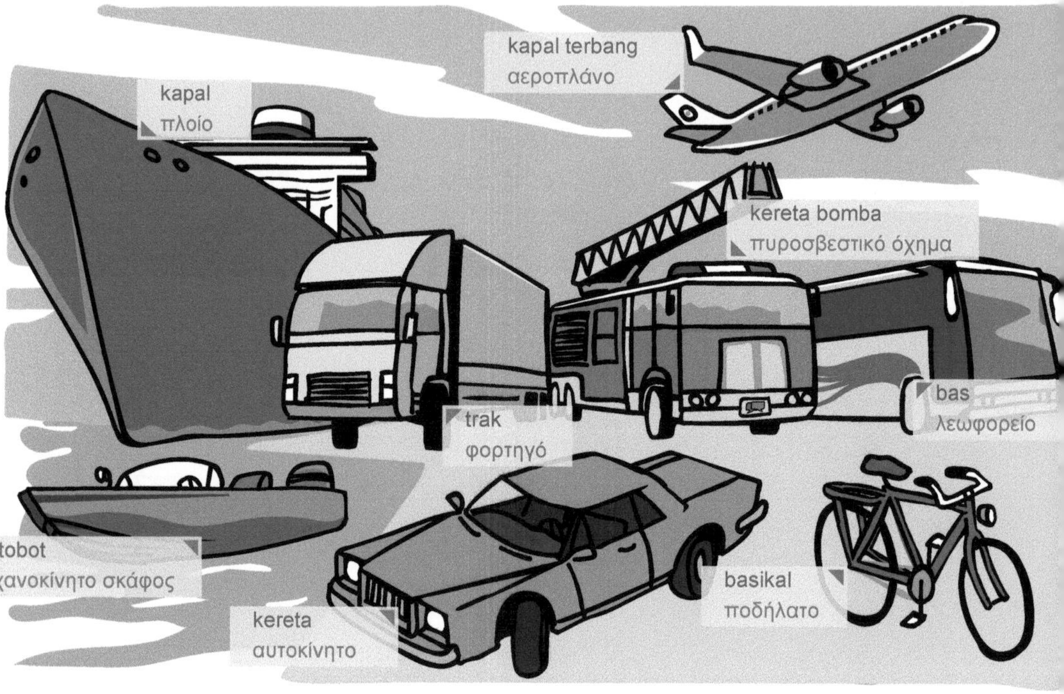

kapal terbang
αεροπλάνο
kapal
πλοίο
kereta bomba
πυροσβεστικό όχημα
trak
φορτηγό
bas
λεωφορείο
otobot
χανοκίνητο σκάφος
kereta
αυτοκίνητο
basikal
ποδήλατο

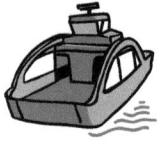

feri

φεριμπότ

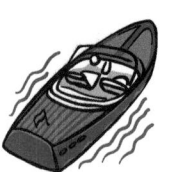

bot

βάρκα

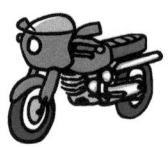

motosikal

μοτοσικλέτα

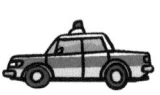

kereta polis

περιπολικό

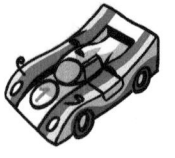

kereta lumba

αγωνιστικό αυτοκίνητο

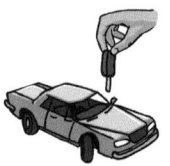

kereta sewa

ενοικιαζόμενο αυτοκίνητο

berkongsi kereta
διαμοιρασμός αυτοκινήτων

trak tunda
γερανός

trak menolak
απορριμματοφόρο

motor
κινητήρας

bahan api
καύσιμο

stesen minyak
βενζινάδικο

tanda trafik
πινακίδα σήμανσης

trafik
κυκλοφορία

kesesakan lalu lintas
κυκλοφοριακή συμφόρηση

tempat parkir
χώρος στάθμευσης

stesen kereta api
σιδηροδρομικός σταθμός

trek
σιδηροδρομικές γραμμές

kereta api
τρένο

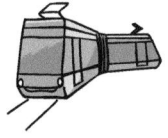

trem
τραμ

gerabak
βαγόνι

helikopter

ελικόπτερο

lapangan terbang

αεροδρόμιο

Menara

πύργος

penumpang

επιβάτης

bekas

εμπορευματοκιβώτιο

kadbod

χαρτοκιβώτιο

kart

καρότσι

bakul

καλάθι

berlepas / mendarat

απογειώνομαι /
προσγειόνομαι

bandar

πόλη

kampung

χωριό

pusat bandar

κέντρο της πόλης

rumah

σπίτι

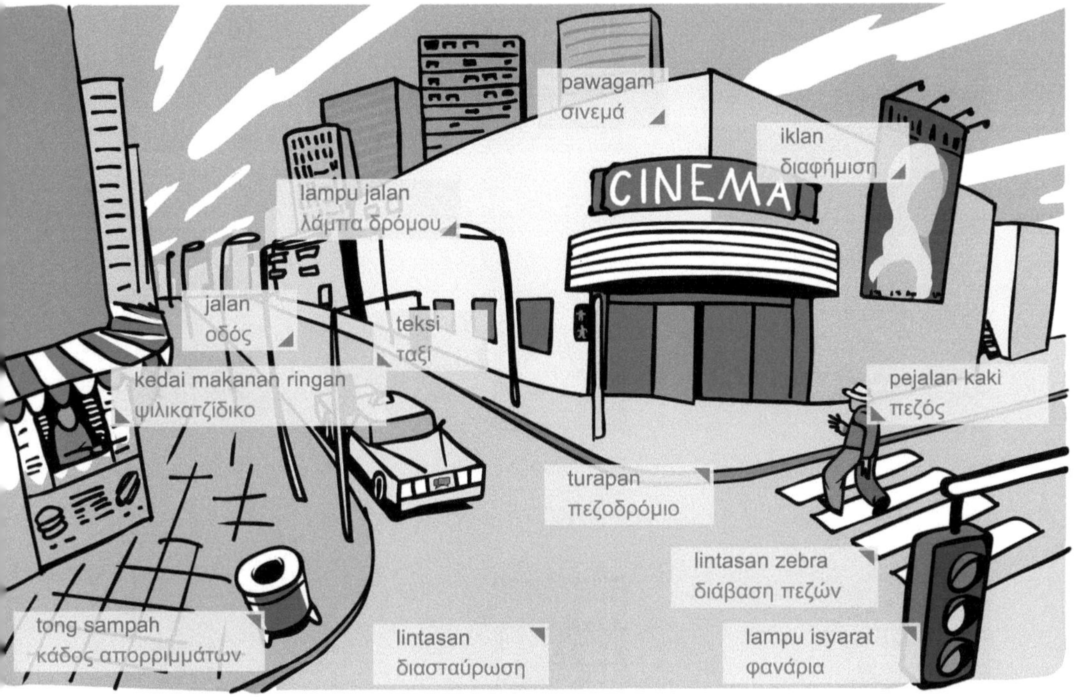

pawagam
σινεμά
iklan
διαφήμιση
CINEMA
lampu jalan
λάμπα δρόμου
jalan
οδός
teksi
ταξί
kedai makanan ringan
ψιλικατζίδικο
pejalan kaki
πεζός
turapan
πεζοδρόμιο
lintasan zebra
διάβαση πεζών
tong sampah
κάδος απορριμμάτων
lintasan
διασταύρωση
lampu isyarat
φανάρια

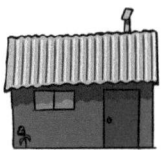

pondok

καλύβα

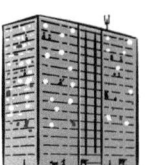

flat

διαμέρισμα

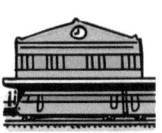

stesen kereta api

σιδηροδρομικός σταθμός

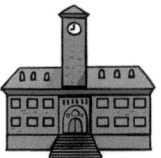

dewan bandar

δημαρχείο

MUSEUM

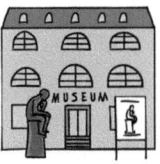

muzium

μουσείο

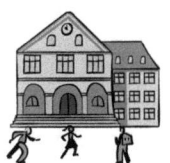

sekolah

σχολείο

universiti

πανεπιστήμιο

bank

τράπεζα

hospital

νοσοκομείο

hotel

ξενοδοχείο

farmasi

φαρμακείο

pejabat

γραφείο

kedai buku

βιβλιοπωλείο

kedai

κατάστημα

kedai bunga

ανθοπωλείο

pasar raya

σούπερ μάρκετ

pasaran

αγορά

gedung

πολυκατάστημα

penjual ikan

ιχθυοπωλείο

pusat membeli-belah

εμπορικό κέντρο

pelabuhan

λιμάνι

taman

πάρκο

bangku

παγκάκι

jambatan

γέφυρα

tangga

σκάλες

bawah tanah

μετρό

terowong

τούνελ

hentian bas

στάση λεωφορείου

bar

μπαρ

restoran

εστιατόριο

peti surat

γραμματοκιβώτιο

papan tanda jalan

πινακίδα δρόμου

meter parkir

παρκόμετρο

zoo

ζωολογικός κήπος

kolam renang

πισίνα

masjid

τζαμί

ladang

αγρόκτημα

pencemaran

ρύπανση

tanah perkuburan

νεκροταφείο

gereja

εκκλησία

taman permainan

παιδική χαρά

kuil

ναός

landskap
τοπίο

daun
φύλλο

tiang tanda
πινακίδα κατεύθυνσης

jalan
δρόμος

padang rumput
λιβάδι

batu
πέτρα

pejalan kaki
πεζοπόρος

pokok
δέντρο

sungai
ποτάμι

rumput
χορτάρι

bunga
λουλούδι

lembah

κοιλάδα

bukit

λόφος

tasik

λίμνη

hutan

δάσος

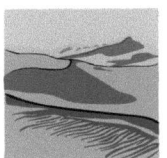

padang pasir

έρημος

gunung berapi

ηφαίστειο

istana

κάστρο

pelangi

ουράνιο τόξο

cendawan

μανιτάρι

pokok kelapa sawit

φοίνικας

nyamuk

κουνούπι

terbang

μύγα

semut

μυρμήγκι

lebah

μέλισσα

labah-labah

αράχνη

kumbang

σκαθάρι

katak

βάτραχος

tupai

σκίουρος

landak

σκαντζόχοιρος

arnab

λαγός

burung hantu

κουκουβάγια

burung

πουλί

angsa

κύκνος

babi jantan

αγριογούρουνο

rusa

ελάφι

moose

άλκη

empangan

φράγμα

turbin angin

ανεμογεννήτρια

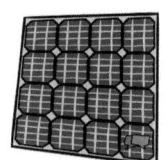

panel solar

ηλιακός συλλέκτης

iklim

κλίμα

landskap - τοπίο

restoran
εστιατόριο

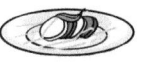

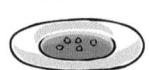

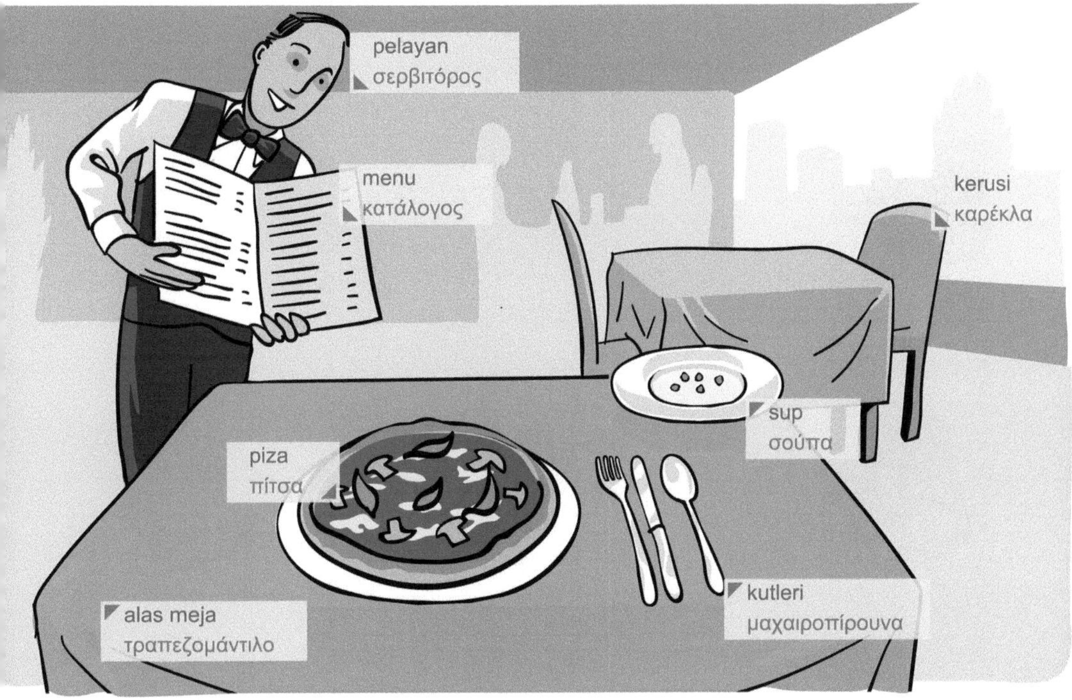
pelayan
σερβιτόρος
menu
κατάλογος
kerusi
καρέκλα
sup
σούπα
piza
πίτσα
alas meja
τραπεζομάντιλο
kutleri
μαχαιροπίρουνα

pemula

ορεκτικό

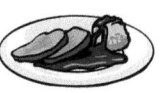

hidangan utama

κύριο πιάτο

pencuci mulut

επιδόρπιο

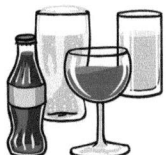

minuman

ποτά

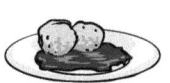

makanan

φαγητό

botol

μπουκάλι

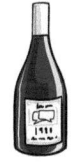

makanan segera

φαστ φουντ

makanan jalanan

φαγητό στ' όρθιο

teko

τσαγιέρα

mangkuk gula

δοχείο ζάχαρης

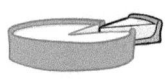

bahagian

μερίδα

mesin espreso

μηχανή εσπρέσο

kerusi tinggi

ψηλή καρέκλα

bil

λογαριασμός

dulang

δίσκος

pisau

μαχαίρι

garfu

πιρούνι

sudu

κουτάλι

sudu teh

κουταλάκι του τσαγιού

serviette

πετσέτα φαγητού

gelas

ποτήρι

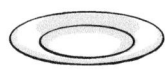

pinggan
πιάτο

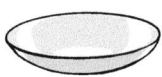

mangkuk sup
πιάτο σούπας

piring
πιατάκι φλιτζανιού

sos
σάλτσα

tempat garam
αλατιέρα

pengisar lada
μύλος για πιπέρι

cuka
ξύδι

minyak
λάδι

rempah
μπαχαρικά

sos
κέτσαπ

mustard
μουστάρδα

mayones
μαγιονέζα

pasar raya
σούπερ μάρκετ

tawaran istimewa
προσφορά
FOR
pelanggan
πελάτης
tenusu
γαλακτοκομικά προϊόντα
buah-buahan
φρούτα
troli
καρότσι για ψώνια

BUTCHERS

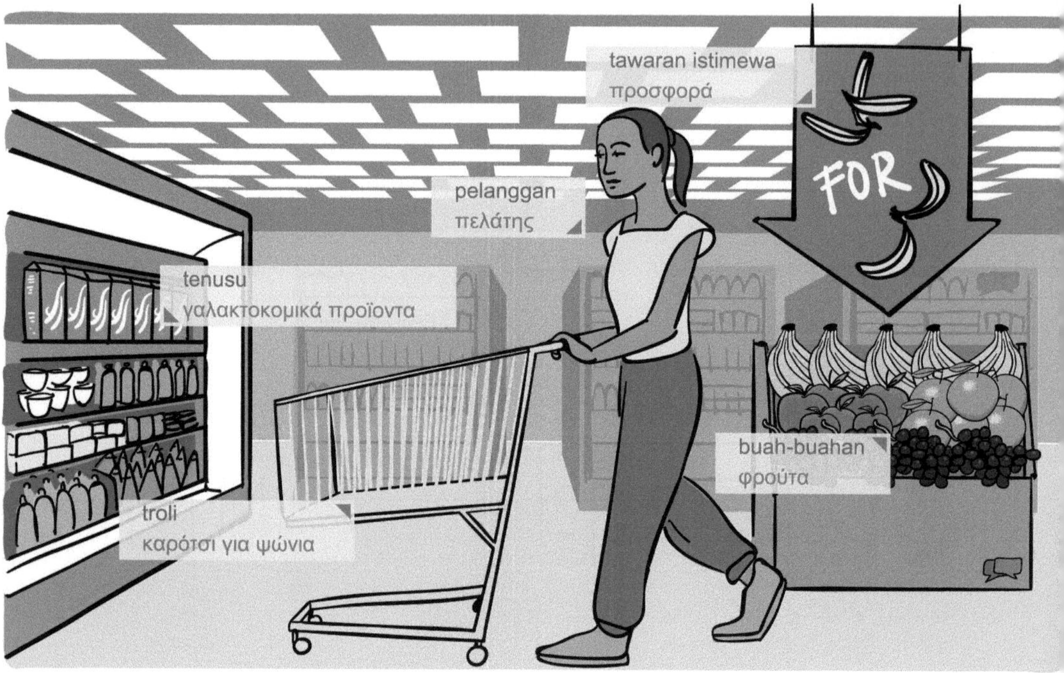

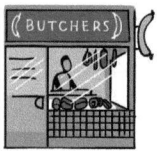

tukang daging

κρεοπωλείο

BAKERY

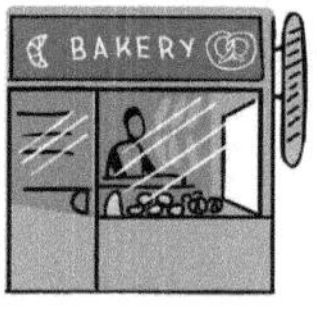

kedai roti

φούρνος

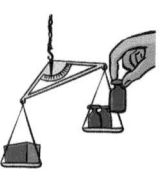

berat

ζυγίζω

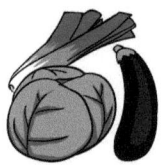

sayur-sayuran

λαχανικά

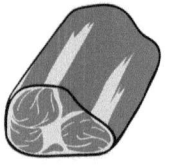

daging

κρέας

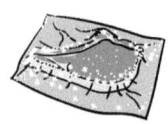

makanan sejuk beku

κατεψυγμένα τρόφιμα

daging sejuk

αλλαντικά

makanan dalam tin

κονσερβοποιημένη τροφή

serbuk pencuci

απορρυπαντικό ρούχων

gula-gula

γλυκά

produk isi rumah

οικιακά είδη

produk pembersihan

καθαριστικά προϊόντα

orang jualan

πωλήτρια

daftar tunai

ταμείο

juruwang

ταμίας

senarai membeli-belah

λίστα για ψώνια

waktu pembukaan

ωράριο λειτουργίας

beg duit

πορτοφόλι

kad kredit

πιστωτική κάρτα

beg

τσάντα

beg plastik

πλαστική σακούλα

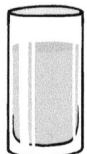

air

νερό

jus

χυμός

susu

γάλα

kola

κόκα κόλα

wain

κρασί

bir

μπίρα

alkohol

αλκοόλ

koko

κακάο

the

τσάι

kopi

καφές

espreso

εσπρέσο

kapucino

καπουτσίνο

pisang

μπανάνα

epal

μήλο

oren

πορτοκάλι

tembikai

πεπόνι

lemon

λεμόνι

lobak merah

καρότο

bawang putih

σκόρδο

buluh

μπαμπού

bawang

κρεμμύδι

cendawan

μανιτάρι

kacang

ξηροί καρποί

mi

νουντλς

spageti

μακαρόνια

nasi

ρύζι

salad

σαλάτα

kerepek

πατατάκια

kentang goreng

τηγανητές πατάτες

piza

πίτσα

hamburger

χάμπουργκερ

sandwic

σάντουιτς

kutlet

κοτολέτα

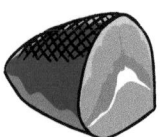

ham

ζαμπόν

salami

σαλάμι

sosej

λουκάνικο

ayam

κοτόπουλο

panggang

ψητό

ikan

ψάρι

makanan - φαγητό

bubur oat

χυλός βρώμης

muesli

μούσλι

emping jagung

κορν φλέικς

tepung

αλεύρι

kroisan

κρουασάν

roti roll

ψωμάκι

roti

ψωμί

roti bakar

τοστ

biskut

μπισκότα

mentega

βούτυρο

dadih

τυρόπηγμα

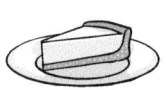

kek

κέικ

telur

αυγό

telur goreng

τηγανητό αυγό

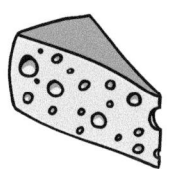

keju

τυρί

ais krim

παγωτό

gula

ζάχαρη

madu

μέλι

jem

μαρμελάδα

krim nougat

άλλειμμα σοκολάτας

kari

κάρυ

ladang
αγρόκτημα

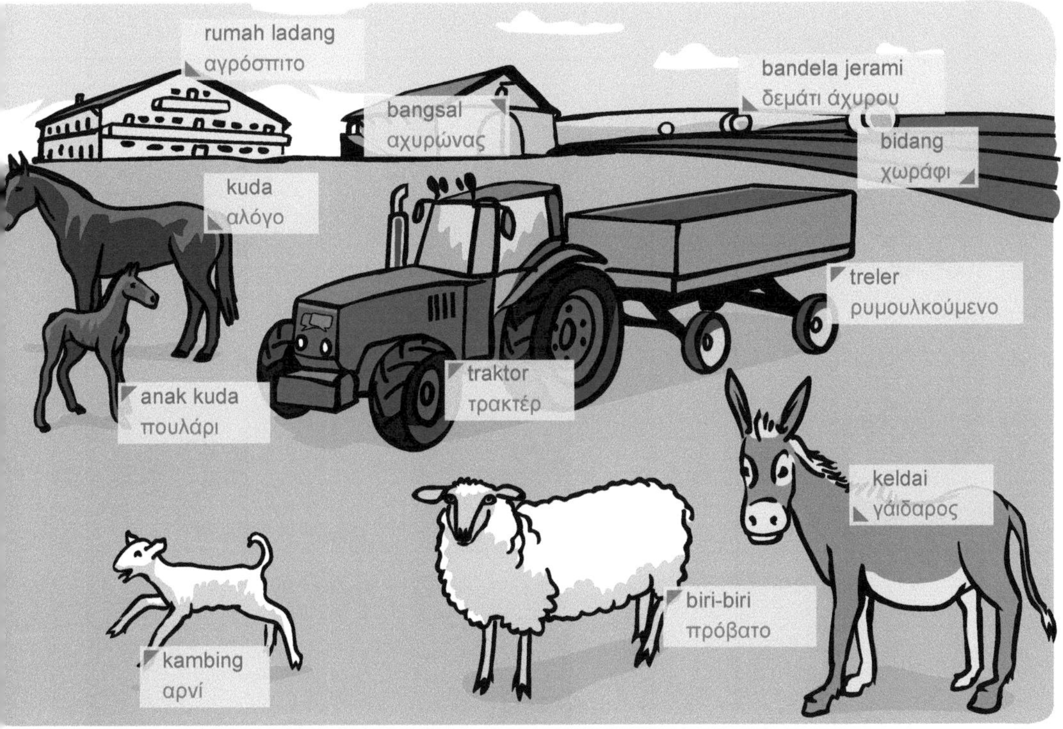
rumah ladang
αγρόσπιτο
bangsal
αχυρώνας
bandela jerami
δεμάτι άχυρου
bidang
χωράφι
kuda
αλόγο
treler
ρυμουλκούμενο
traktor
τρακτέρ
anak kuda
πουλάρι
keldai
γάιδαρος
biri-biri
πρόβατο
kambing
αρνί

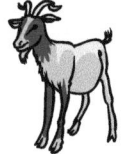

kambing

κατσίκα

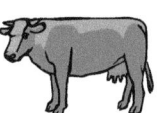

lembu

αγελάδα

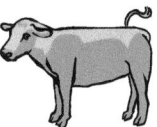

anak lembu

μοσχαράκι

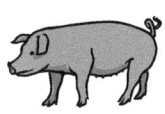

babi

γουρούνι

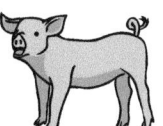

anak babi

γουρουνάκι

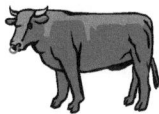

lembu

ταύρος

angsa

χήνα

itik

πάπια

anak ayam

κοτοπουλάκι

ayam betina

κότα

ayam jantan muda

κόκορας

tikus

αρουραίος

kucing

γάτα

tikus

ποντίκι

lembu jantan

βόδι

anjing

σκύλος

rumah anjing

σπιτάκι σκύλου

hos taman

λάστιχο κήπου

bekas siraman

ποτιστήρι

sabit

θεριστήρι

bajak

αλέτρι

sabit
δρεπάνι

cangkul
τσάπα

serampang peladang
δίκρανο

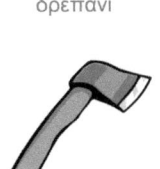

kapak
τσεκούρι

kereta sorong
χειράμαξα

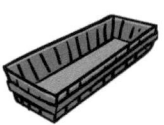

palung
ταΐστρα

tin susu
δοχείο γάλακτος

karung
σάκος

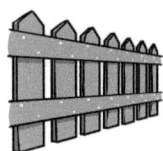

pagar
φράχτης

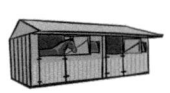

stabil
στάβλος

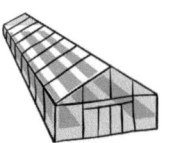

rumah hijau
θερμοκήπιο

tanah
έδαφος

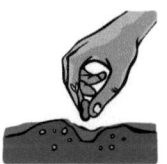

benih
σπόρος

baja
λίπασμα

jentuai
θεριζοαλωνιστική μηχανή

ladang - αγρόκτημα

tuai

θερίζω

menuai

συγκομιδή

keladi

γιαμς

gandum

σιτάρι

soya

σόγια

kentang

πατάτα

jagung

καλαμπόκι

biji sawi

κράμβη

pokok buah-buahan

οπωροφόρο δέντρο

ubi kayu

μανιόκα

bijirin

δημητριακά

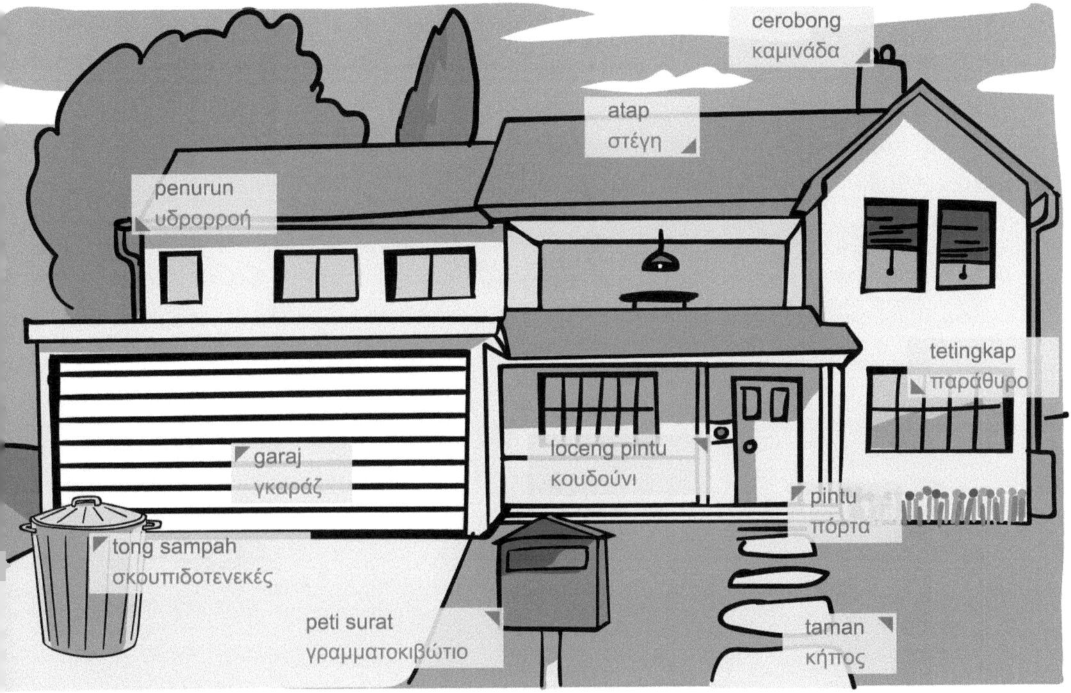

cerobong
καμινάδα

atap
στέγη

penurun
υδρορροή

tetingkap
παράθυρο

garaj
γκαράζ

loceng pintu
κουδούνι

pintu
πόρτα

tong sampah
σκουπιδοτενεκές

peti surat
γραμματοκιβώτιο

taman
κήπος

ruang tamu

σαλόνι

bilik air

μπάνιο

dapur

κουζίνα

bilik tidur

υπνοδωμάτιο

bilik kanak-kanak

παιδικό δωμάτιο

ruang makan

τραπεζαρία

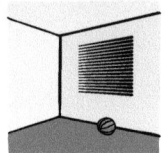

lantai

πάτωμα

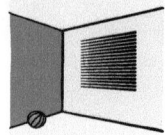

dinding

τοίχος

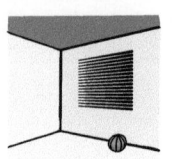

siling

οροφή

bilik bawah tanah

κελάρι

sauna

σάουνα

balkoni

μπαλκόνι

teres

βεράντα

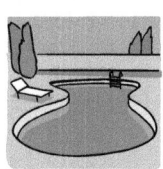

kolam renang

πισίνα

pemotong rumput

μηχανή του γκαζόν

lembaran

σεντόνι

penutup tilam

κάλυμμα κρεβατιού

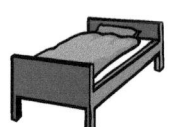

katil

κρεβάτι

penyapu

σκούπα

timba

κουβάς

suis

διακόπτης

ruang tamu
σαλόνι

kertas dinding
ταπετσαρία
gambar
φωτογραφία
lampu
λάμπα
rak
ράφι
kabinet
ντουλάπι
televisyen
τηλεόραση
pendiangan
τζάκι
bunga
λουλούδι
kusyen
μαξιλάρι
sofa
καναπές
pasu
βάζο
alat kawalan jauh
τηλεκοντρόλ

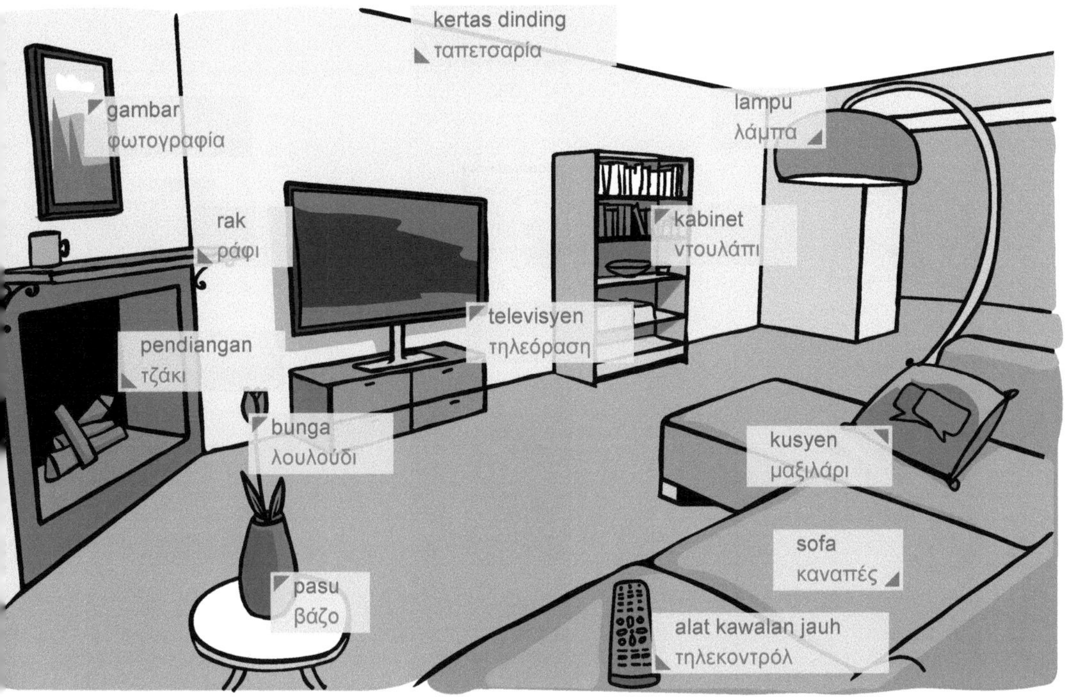

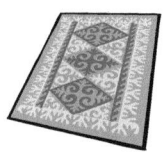

permaidani

χαλί

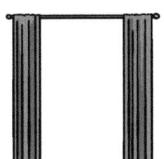

tirai

κουρτίνα

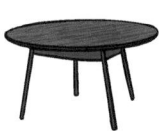

meja

τραπέζι

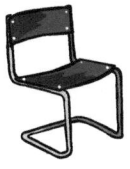

kerusi

καρέκλα

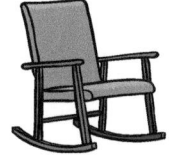

kerusi malas

κουνιστή πολυθρόνα

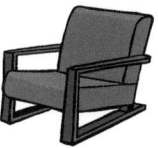

kerusi

πολυθρόνα

buku

βιβλίο

selimut

κουβέρτα

hiasan

διακόσμηση

kayu api

καυσόξυλα

filem

ταινία

hi-fi

στερεοφωνικό σύστημα

kunci

κλειδί

akhbar

εφημερίδα

lukisan

πίνακας ζωγραφικής

poster

αφίσα

radio

ραδιόφωνο

buku catatan

σημειωματάριο

penyedut habuk

ηλεκτρική σκούπα

kaktus

κάκτος

lilin

κερί

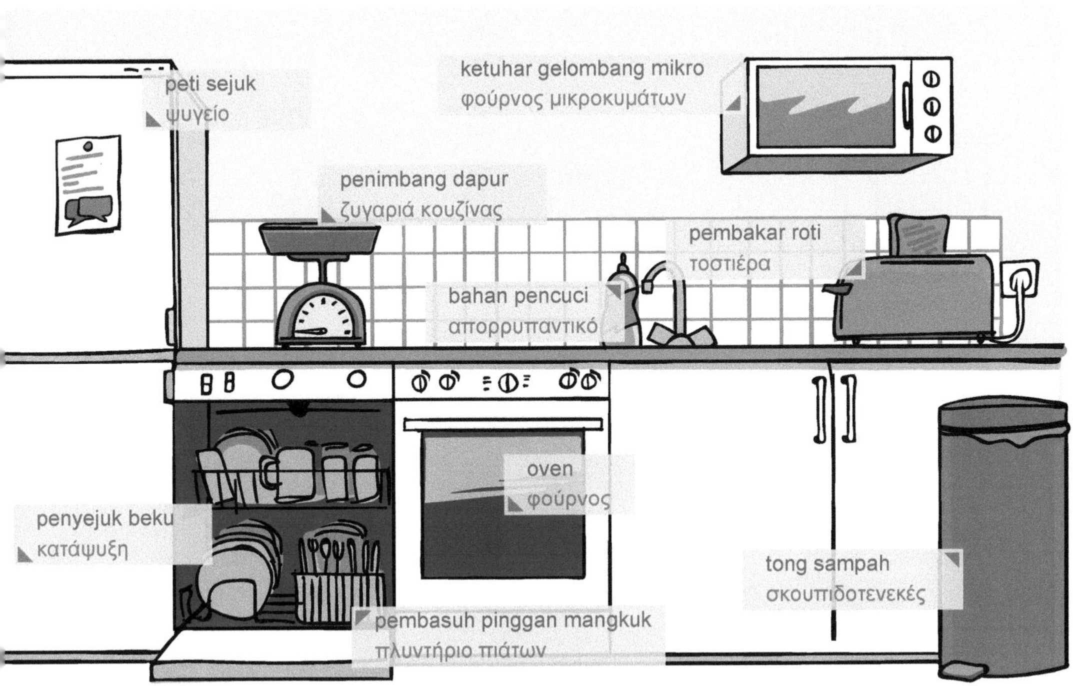

peti sejuk
ψυγείο

ketuhar gelombang mikro
φούρνος μικροκυμάτων

penimbang dapur
ζυγαριά κουζίνας

pembakar roti
τοστιέρα

bahan pencuci
απορρυπαντικό

oven
φούρνος

penyejuk beku
κατάψυξη

tong sampah
σκουπιδοτενεκές

pembasuh pinggan mangkuk
πλυντήριο πιάτων

periuk dapur	periuk	periuk besi
κουζίνα	κατσαρόλα	μαντεμένια κατσαρόλα

kuali	pan	cerek
γουόκ/καντάι	τηγάνι	βραστήρας

pengukus

ατμομάγειρας

dulang pembakar

ταψί

pinggan mangkuk

πιατικά

koleh

κούπα

mangkuk

μπολ

penyepit

ξυλάκια

senduk

κουτάλα

spatula

σπάτουλα

pengadun

ανακατεύω

penapis

σουρωτήρι

ayak

σουρωτηράκι

pemarut

τρίφτης

mortar

γουδί

barbeku

ψησταριά

pembakaran terbuka

ανοιχτή φωτιά

dapur - κουζίνα

papan pencincang

σανίδα κοπής

pin golekan

πλάστης

skru gabus

ανοιχτήρι φελλών

tin

κονσέρβα

pembuka tin

ανοιχτήρι κονσέρβας

pemegang periuk

γάντι φούρνου

sinki

νεροχύτης

berus

βούρτσα

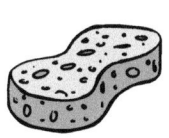

span

σφουγγάρι

pengisar

μπλέντερ

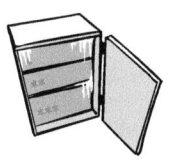

penyejuk beku

καταψύκτης

botol bayi

μπιμπερό

paip

βρύση

dapur - κουζίνα

bilik air

μπάνιο

pemanasan
θέρμανση
tuala
πετσέτα
mandi
ντους
tirai mandi
κουρτίνα ντουζ
mandi buih
αφρόλουτρο
tab mandi
μπανιέρα
gelas
ποτήρι
mesin basuh
πλυντήριο ρούχων
paip
βρύση
jubin
πλακάκια
tandas
γιογιό
sinki
νεροχύτης

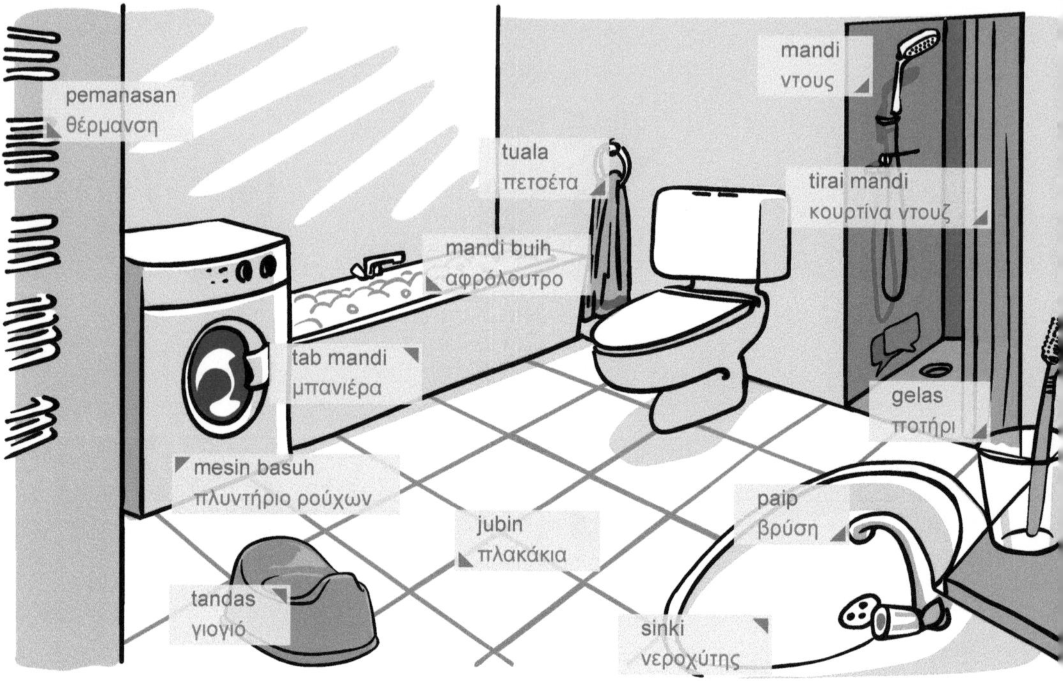

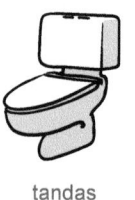

tandas

τουαλέτα

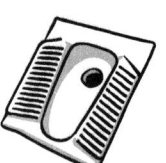

tandas mencangkung

τούρκικη τουαλέτα

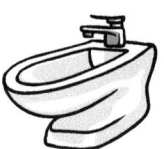

mangkuk tandas

μπιντές

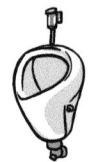

tandas awam

ουρητήριο

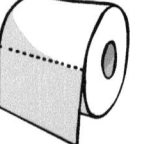

kertas tandas

χαρτί υγείας

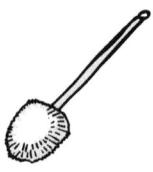

berus tandas

πιγκάλ

berus gigi

οδοντόβουρτσα

ubat gigi

οδοντόκρεμα

flos gigi

οδοντικό νήμα

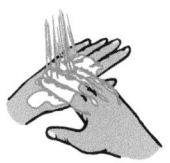

cuci

πλένω

mandian tangan

τηλέφωνο ντους

pancuran

ντουσιέρα

besen

λεκάνη

belakang berus

βούρτσα πλάτης

sabun

σαπούνι

gel mandian

αφρόλουτρο

syampu

σαμπουάν

flanel

φανέλα

longkang

σιφόνι

krim

κρέμα

deodoran

αποσμητικό

cermin

καθρέφτης

cermin tangan

καθρέφτης χειρός

pisau cukur

ξυραφάκι

busa cukur

αφρός ξυρίσματος

selepas cukur

αφτερσέιβ

sikat

χτένα

berus

βούρτσα

pengering rambut

σεσουάρ

semburan rambut

λακ

mekap

μακιγιάζ

gincu

κραγιόν

varnis kuku

βερνίκι νυχιών

bulu kapas

βαμβάκι

gunting kuku

ψαλίδι νυχιών

pewangi

άρωμα

beg basuhan
νεσεσέρ

bangku
σκαμπό

skala berat
ζυγαριά

jubah mandi
μπουρνούζι

sarung tangan getah
ελαστικά γάντια

kapas
ταμπόν

tuala wanita
πετσέτα υγιεινής

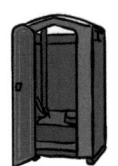

tandas kimia
χημική τουαλέτα

bilik kanak-kanak
παιδικό δωμάτιο

jam loceng
ξυπνητήρι
mainan kegemaran
λούτρινο ζωάκι
kereta mainan
αυτοκινητάκι
kerincing bayi
κουδουνίστρα
rumah anak patung
κουκλόσπιτο
hadiah
δώρο

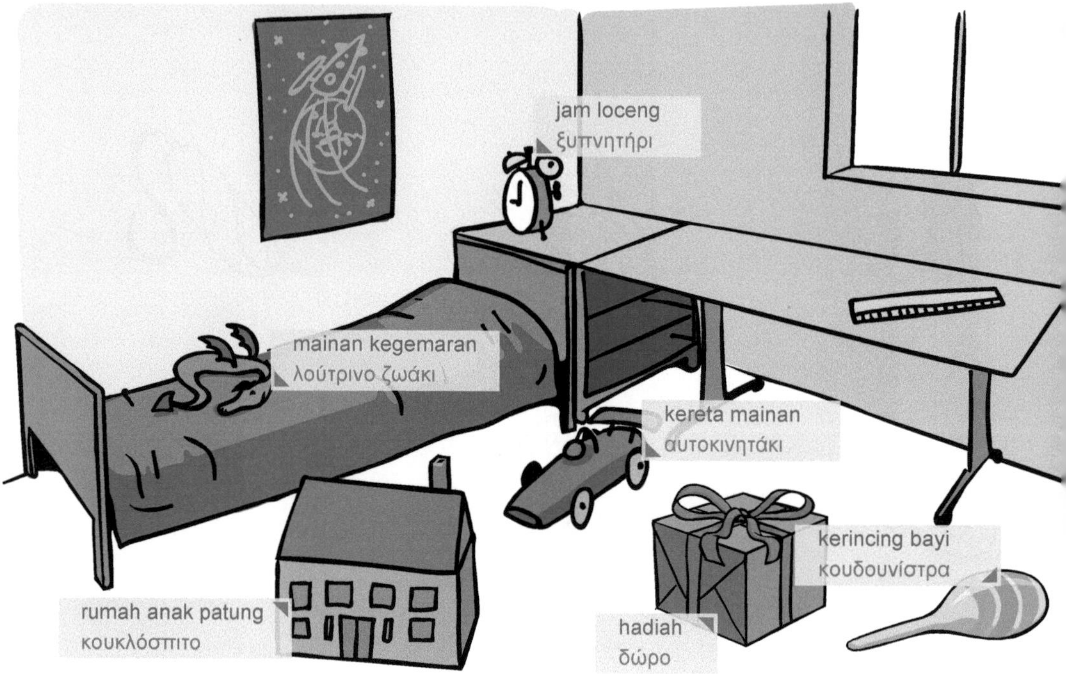

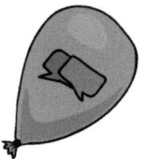

belon
μπαλόνι

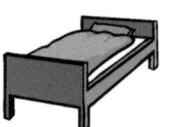

katil
κρεβάτι

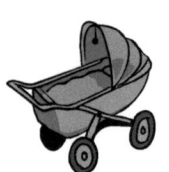

kereta sorong bayi
καροτσάκι

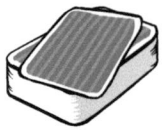

set kad
τράπουλα

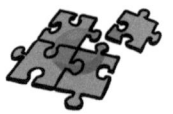

susun suai gambar
παζλ

komik
κόμικς

batu bata lego

τουβλάκια lego

blok mainan

τουβλάκια κατασκευών

figura aksi

φιγούρα δράσης

baju bayi

βρεφικό φορμάκι

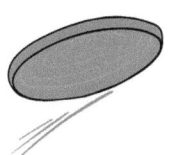

frisbee

φρίσμπι

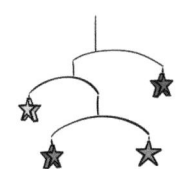

mainan bayi mudah alih

μόμπιλο

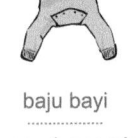

permainan papan

επιτραπέζιο παιχνίδι

dadu

ζάρια

set model kereta api

σετ τρενάκι

palsu

πιπίλα

parti

πάρτι

buku bergambar

εικονογραφημένο βιβλίο

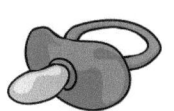

bola

μπάλα

anak patung

κούκλα

main

παίζω

lubang pasir

σκάμμα με άμμο

buai

κούνια

mainan

παιχνίδια

konsol permainan video

κονσόλα βιντεοπαιχνιδιών

basikal roda tiga

τρίκυκλο

anak patung beruang

αρκουδάκι

almari pakaian

ντουλάπα

pakaian

ρούχα

stoking

κάλτσες

stoking

καλτσοδέτες

ketat

καλσόν

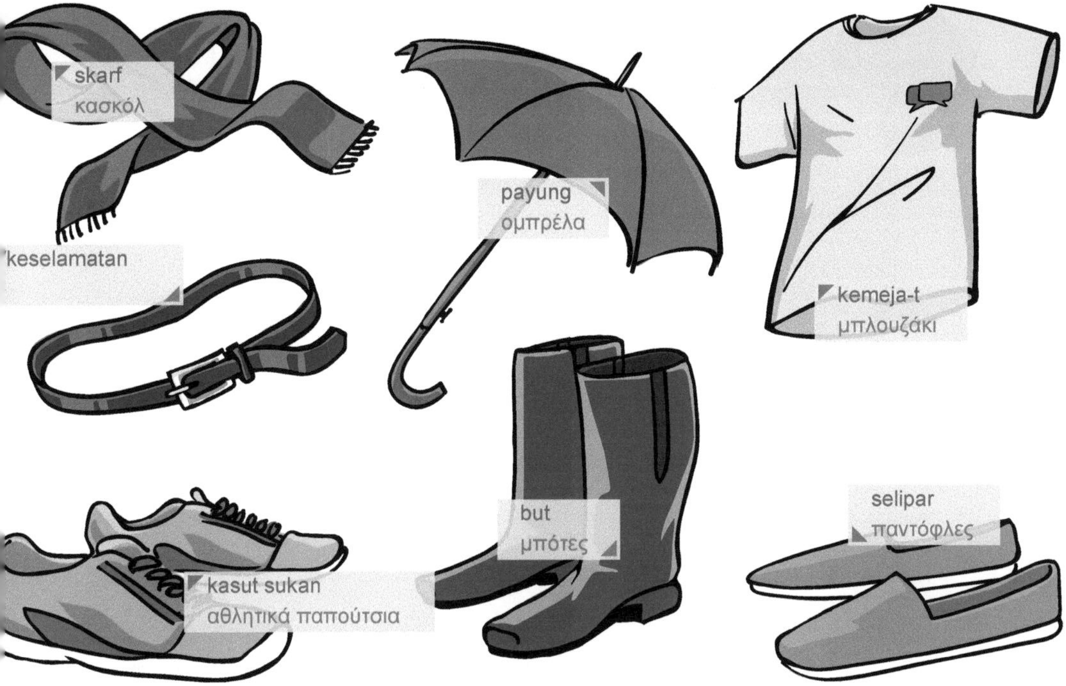

skarf
κασκόλ

keselamatan

payung
ομπρέλα

kemeja-t
μπλουζάκι

but
μπότες

selipar
παντόφλες

kasut sukan
αθλητικά παπούτσια

sandal
σανδάλια

kasut
παπούτσια

but getah
γαλότσες

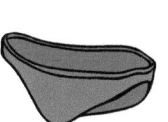

seluar dalam
εσώρουχο

coli
σουτιέν

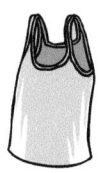

ves
φανέλα

badan

σώμα

Seluar panjang

παντελόνι

jean

τζιν παντελόνι

skirt

φούστα

blaus

μπλούζα

kemeja

πουκάμισο

baju panas sarung

πουλόβερ

sweater

πουλόβερ

blazer

σακάκι

jaket

μπουφάν

kot

παλτό

baju hujan

αδιάβροχο πανωφόρι

kostum

κοστούμι

pakaian

φόρεμα

baju pengantin

νυφικό

sut

κοστούμι

baju tidur

νυχτικό

baju tidur

πιτζάμες

sari

σάρι

skarf kepala

μαντήλι

serban

τουρμπάνι

burqa

μπούρκα

kaftan

καφτάνι

abaya/jubah

μουσουλμανικό ένδυμα

baju renang

ολόσωμο μαγιό

seluar renang

ανδρικό μαγιό

seluar pendek

σορτς

sut balapan

αθλητική φόρμα

apron

ποδιά

sarung tangan

γάντια

butang
κουμπί

cermin mata
γυαλιά

gelang tangan
βραχιόλι

rantai leher
περιδέραιο

cincin
δαχτυλίδι

subang
σκουλαρίκι

topi
καπέλο

penyangkut kot
κρεμάστρα

topi
καπέλο

tali leher
γραβάτα

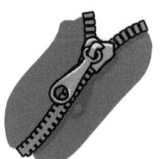

zip
φερμουάρ

topi keledar
κράνος

pendakap
τιράντες

uniform sekolah
μαθητική στολή

seragam
στολή

lapik dada
σαλιάρα

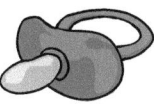

palsu
πιπίλα

lampin
πάνα

pejabat
γραφείο

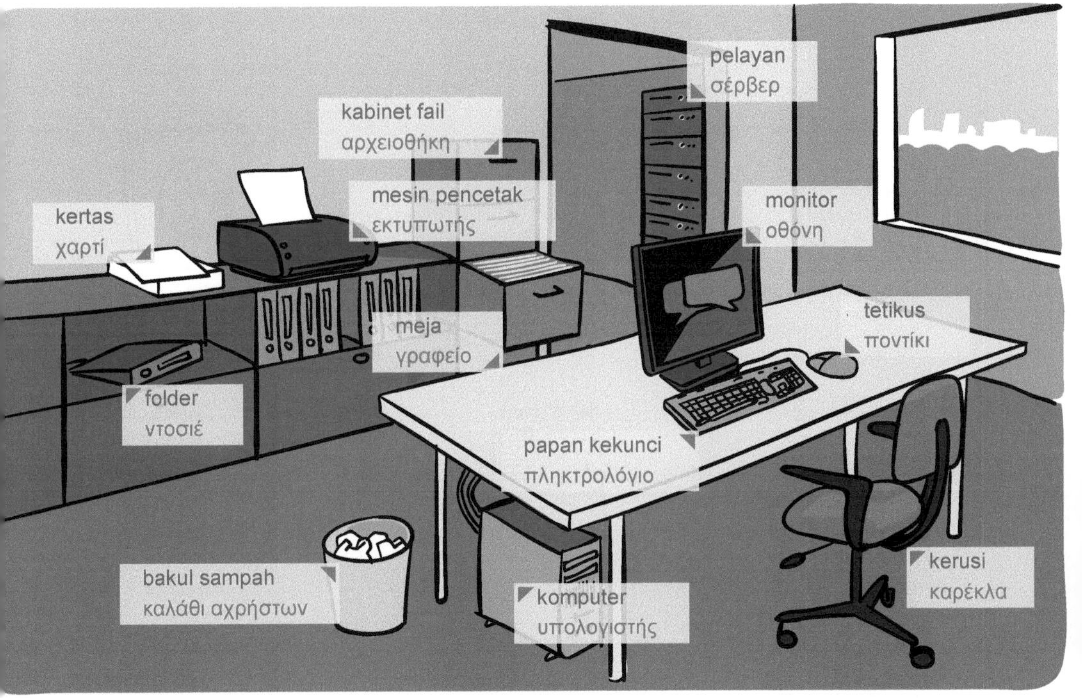

kertas
χαρτί

kabinet fail
αρχειοθήκη

mesin pencetak
εκτυπωτής

pelayan
σέρβερ

monitor
οθόνη

tetikus
ποντίκι

meja
γραφείο

folder
ντοσιέ

papan kekunci
πληκτρολόγιο

bakul sampah
καλάθι αχρήστων

komputer
υπολογιστής

kerusi
καρέκλα

cawan kopi
κούπα του καφέ

kalkulator
κομπιουτεράκι

internet
ίντερνετ

komputer riba

λάπτοπ

surat

γράμμα

mesej

μήνυμα

mudah alih

κινητό

rangkaian

δίκτυο

mesin fotokopi

φωτοτυπικό μηχάνημα

perisian

λογισμικό

telefon

τηλέφωνο

soket plag

πρίζα

mesin faks

συσκευή φαξ

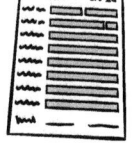

bentuk

έντυπο

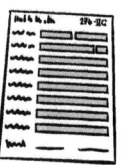

dokumen

έγγραφο

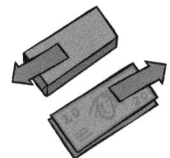

beli

αγοράζω

bayar

πληρώνω

berdagang

συναλλάσσομαι

wang

χρήματα

dolar

δολάριο

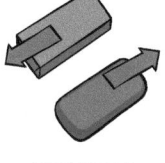

euro

ευρώ

yen

γιεν

rubel

ρούβλι

franc swiss

ελβετικό φράγκο

renminbi yuan

ρενμίνμπι γιουάν

rupee

ρουπία

mata tunai

ATM (αυτόματη ταμειακή μηχανή)

pejabat tukaran mata wang

ανταλλακτήρια
συναλλάγματος

emas

χρυσός

perak

ασήμι

minyak

πετρέλαιο

tenaga

ενέργεια

harga

τιμή

kontrak

συμβόλαιο

cukai

φόρος

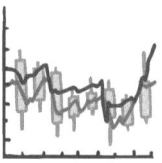

stok

μετοχή

kerja

δουλεύω

pekerja

υπάλληλος

majikan

εργοδότης

kilang

εργοστάσιο

kedai

κατάστημα

pekerjaan
επαγγέλματα

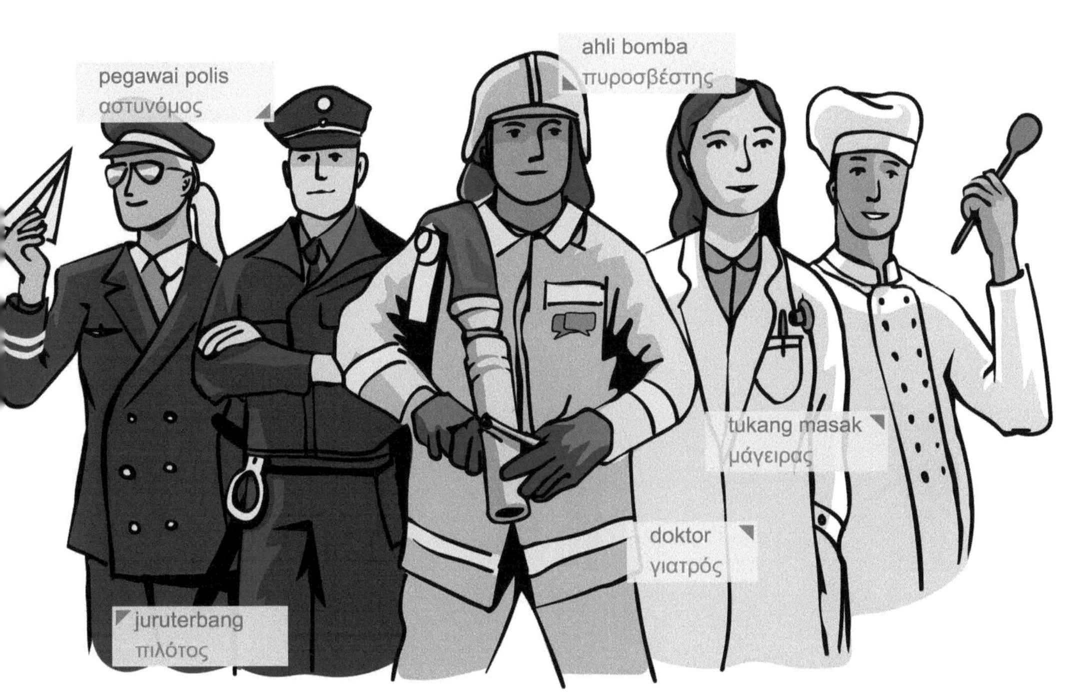

pegawai polis
αστυνόμος
ahli bomba
πυροσβέστης
tukang masak
μάγειρας
doktor
γιατρός
juruterbang
πιλότος

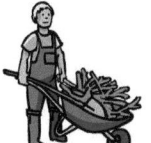

tukang kebun
κηπουρός

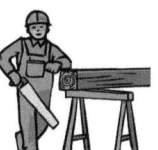

tukang kayu
ξυλουργός

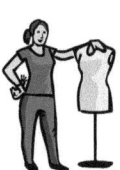

tukang jahit
μοδίστρα

hakim
δικαστής

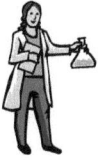

ahli kimia
χημικός

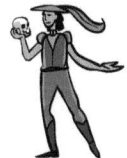

pelakon
ηθοποιός

pemandu bas

οδηγός λεωφορείου

pemandu teksi

ταξιτζής

nelayan

ψαράς

wanita pencuci

καθαρίστρια

kasau

τεχνίτης στεγών

pelayan

σερβιτόρος

pemburu

κυνηγός

pelukis

ζωγράφος

bakeri

αρτοποιός

juruelektrik

ηλεκτρολόγος

pembangun

οικοδόμος

jurutera

μηχανολόγος

penjual daging

κρεοπώλης

tukang paip

υδραυλικός

posmen

ταχυδρόμος

askar

στρατιώτης

arkitek

αρχιτέκτονας

juruwang

ταμίας

kedai bunga

ανθοπώλης

pendandan rambut

κομμωτής

konduktor

ελεγκτής εισιτηρίων

mekanik

μηχανικός

kapten

καπετάνιος

doktor gigi

οδοντίατρος

ahli sains

επιστήμονας

tuhanku

ραβίνος

imam

ιμάμης

sami

μοναχός

paderi

ιερέας

alat

εργαλεία

tukul
σφυρί
playar
πένσα
pemutar skru
κατσαβίδι
sepana
Γαλλικό κλειδί
obor
φακός

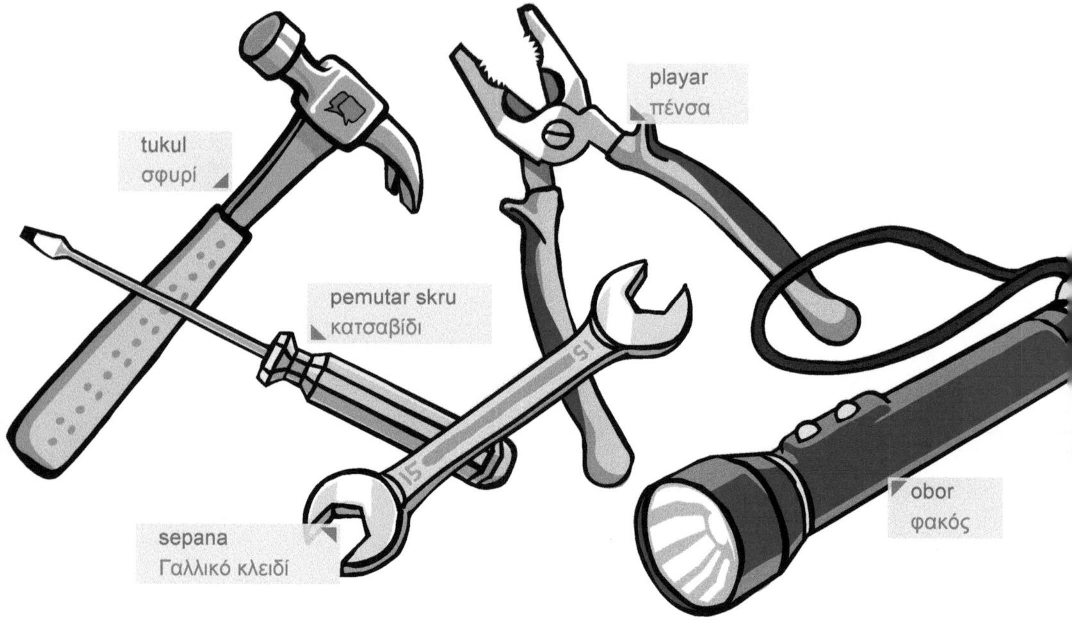

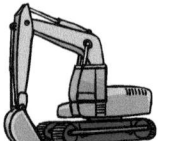

pengorek

εκσκαφέας

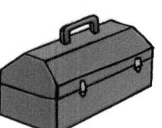

kotak peralatan

εργαλειοθήκη

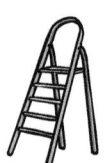

tangga

σκάλα

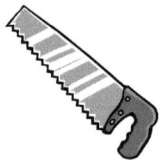

gergaji

πριόνι

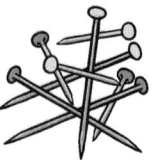

kuku

καρφιά

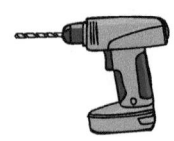

gerudi

τρυπάνι

baiki
επισκευάζω

penyodok
φτυάρι

Celaka!
Να πάρει!

penadah sampah
φαράσι

periuk cat
δοχείο χρωμάτων

skru
βίδες

alat muzik

μουσικά όργανα

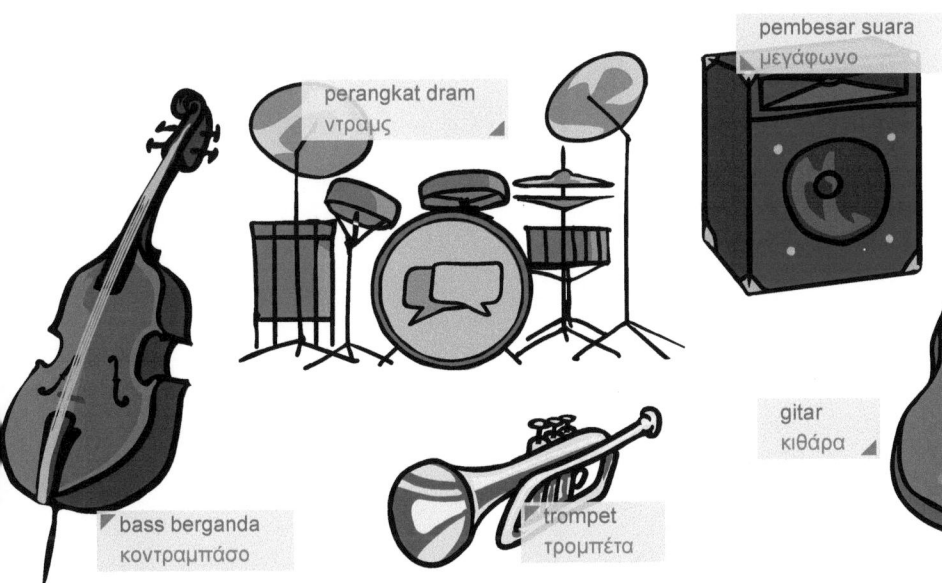

perangkat dram
ντραμς

pembesar suara
μεγάφωνο

gitar
κιθάρα

bass berganda
κοντραμπάσο

trompet
τρομπέτα

piano

πιάνο

biola

βιολί

bass

μπάσο

timpani

τύμπανα

dram

τύμπανο

papan kekunci

πλήκτρα

saksofon

σαξόφωνο

seruling

φλάουτο

mikrofon

μικρόφωνο

pintu masuk
είσοδος

harimau
τίγρης

sangkar
κλουβί

zebra
ζέβρα

makanan haiwan
ζωοτροφή

panda
πάντα

haiwan

ζώα

gajah

ελέφαντας

kanggaru

καγκουρό

badak sumbu

ρινόκερος

gorila

γορίλας

beruang

αρκούδα

unta

καμήλα

burung unta

στρουθοκάμηλος

singa

λιοντάρι

monyet

πίθηκος

flamingo

φλαμίνγκο

nuri

παπαγάλος

beruang kutub

πολική αρκούδα

penguin

πιγκουίνος

yu

καρχαρίας

merak

παγώνι

ular

φίδι

buaya

κροκόδειλος

penjaga zoo

φύλακας ζωολογικού κήπου

anjing laut

φώκια

jaguar

τζάγκουαρ

zoo - ζωολογικός κήπος

kuda
πόνυ

harimau
λεοπάρδαλη

badak air
ιπποπόταμος

zirafah
καμηλοπάρδαλη

helang
αετός

babi jantan
αγριογούρουνο

ikan
ψάρι

penyu
χελώνα

anjing laut
θαλάσσιος ίππος

musang
αλεπού

rusa
γαζέλα

zoo - ζωολογικός κήπος

bola sepak Amerika
Αμερικάνικο ποδόσφαιρο

berbasikal
ποδηλασία

tenis
αντισφαίριση

bola keranjang
μπάσκετ

renang
κολύμβηση

hoki ais
χόκεϋ επί πάγου

tinju
πυγχαμία

bola sepak
ποδόσφαιρο

badminton
μπάντμιντον

olahraga
στίβος

bola baling
χάντμπολ

ski
σκι

polo
πόλο

aktiviti
δραστηριότητες

lompat
πηδάω
peluk
αγκαλιάζω
ketawa
γελάω
berjalan
περπατάω
menyanyi
τραγουδάω
mimpi
ονειρεύομαι
berdoa
προσεύχομαι
cium
φιλάω

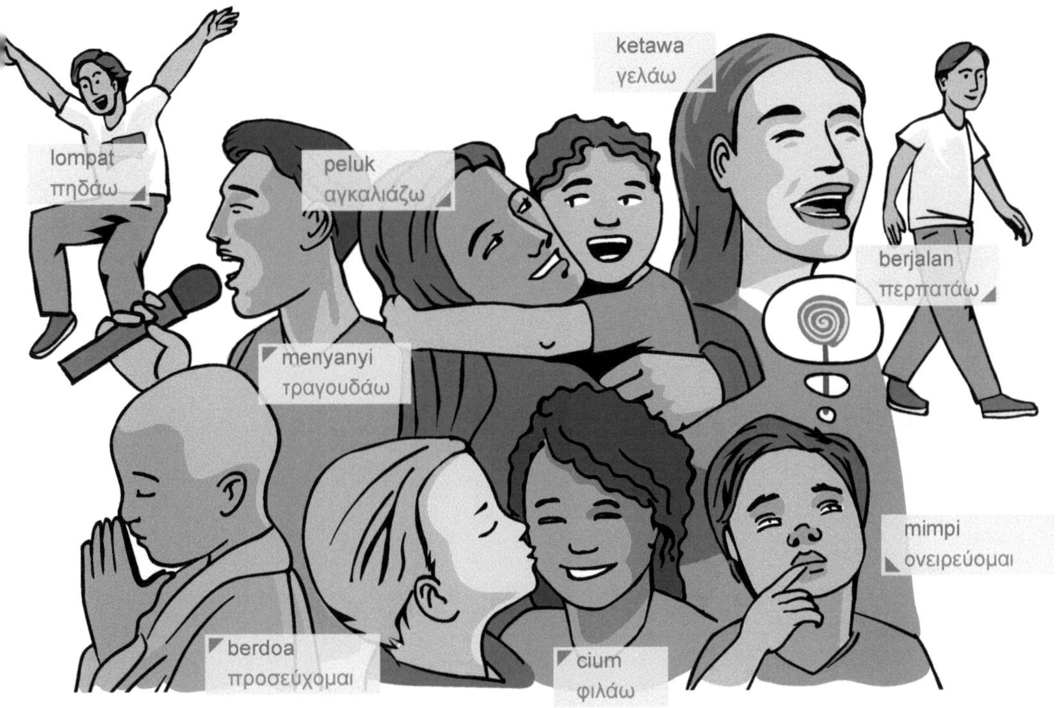

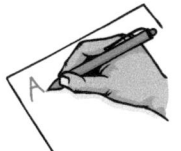

tulis
γράφω

lukis
σχεδιάζω

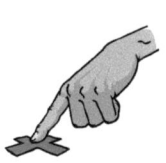

tunjuk
δείχνω

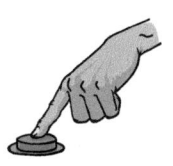

tolak
πιέζω

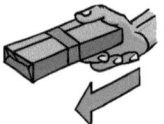

beri
δίνω

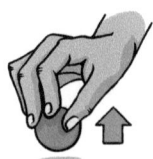

ambil
παίρνω

ada
....
έχω

buat
....
κάνω

ialah
....
είμαι

berdiri
....
στέκομαι

lari
....
τρέχω

tarik
....
τραβάω

buang
....
ρίχνω

jatuh
....
πέφτω

tipu
....
ξαπλώνω

tunggu
....
περιμένω

bawa
....
κουβαλώ

duduk
....
κάθομαι

pakai
....
φοράω

tidur
....
κοιμάμαι

bangkit
....
ξυπνάω

lihat pada

κοιτάω

menangis

κλαίω

strok

χαϊδεύω

sikat

χτενίζω

cakap

μιλάω

faham

καταλαβαίνω

tanya

ρωτάω

dengar

ακούω

minum

πίνω

makan

τρώω

mengemas

συγυρίζω

sayang

αγαπάω

masak

μαγειρεύω

pandu

οδηγώ

terbang

πετάω

belayar

κάνω ιστιοπλοΐα

kira

υπολογίζω

baca

διαβάζω

belajar

μαθαίνω

kerja

δουλεύω

nikah

παντρεύομαι

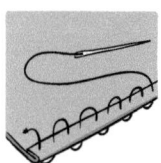

jahit

ράβω

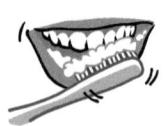

memberus gigi

βουρτσίζω τα δόντια

bunuh

σκοτώνω

asap

καπνίζω

hantar

στέλνω

nenek
γιαγιά

datuk
παππούς

bapa
πατέρας

ibu
μητέρα

bayi
μωρό

anak perempuan
κόρη

anak lelaki
γιος

tetamu
....
καλεσμένος

mak cik
....
θεία

pak cik
....
θείος

abang
....
αδελφός

kakak
....
αδελφή

badan

σώμα

dahi
μέτωπο
mata
μάτι
bahu
ώμος
jari
δάχτυλο
muka
πρόσωπο
dagu
πιγούνι
tangan
χέρι
kaki
πόδι
dada
στήθος
lengan
βραχίονας

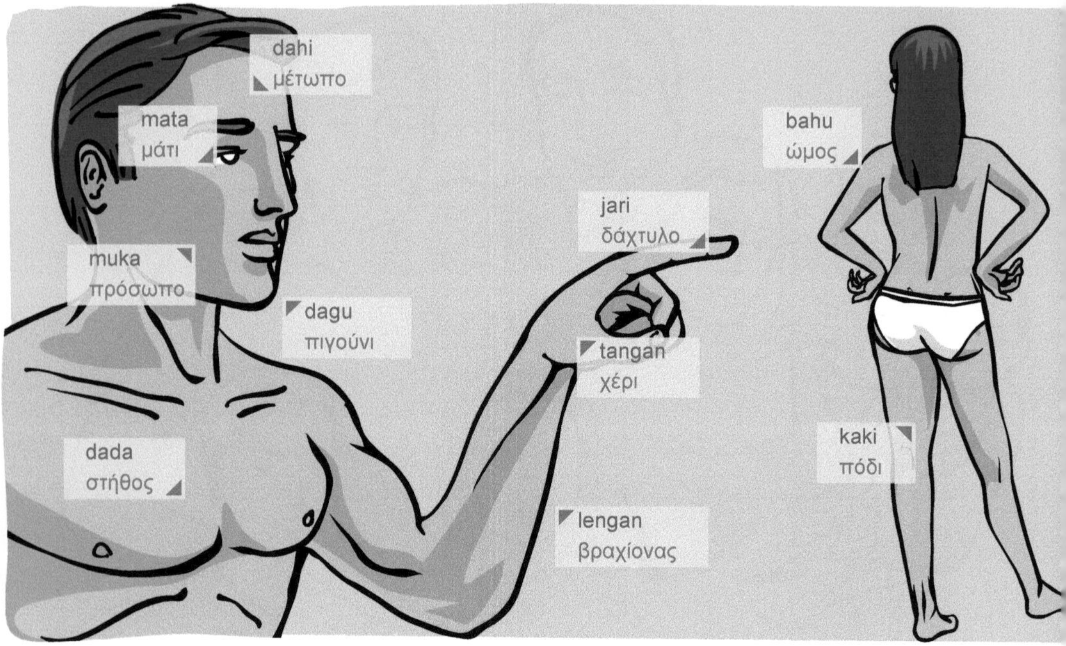

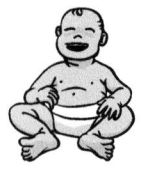

bayi

μωρό

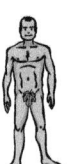

lelaki

άνδρας

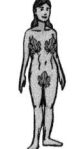

wanita

γυναίκα

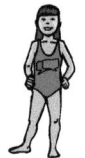

perempuan

κορίτσι

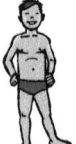

lelaki

αγόρι

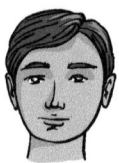

kepala

κεφάλι

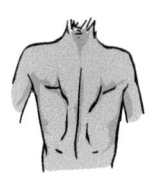

belakang
πλάτη

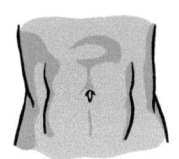

bawah perut
κοιλιά

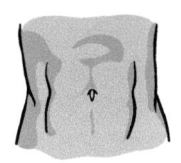

pusat
αφαλός

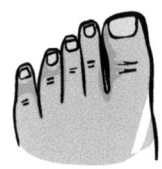

jari kaki
δάχτυλο ποδιού

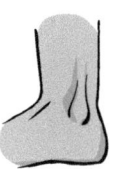

tumit
φτέρνα

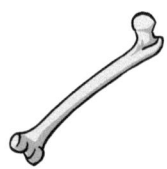

tulang
κόκκαλο

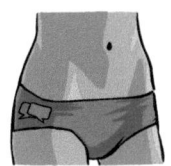

pinggul
γοφός

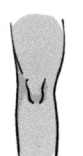

lutut
γόνατο

siku
αγκώνας

hidung
μύτη

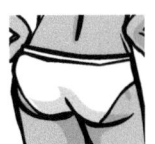

bawah
γλουτός

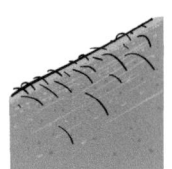

kulit
δέρμα

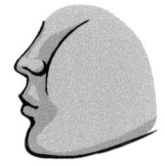

pipi
μάγουλο

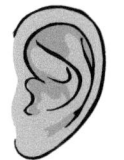

telinga
αυτί

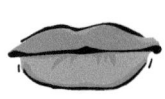

bibir
χείλος

mulut

στόμα

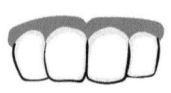

gigi

δόντι

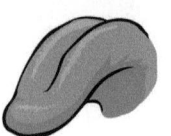

lidah

γλώσσα

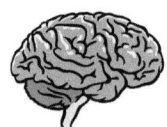

otak

εγκέφαλος

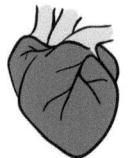

hati

καρδιά

otot

μυς

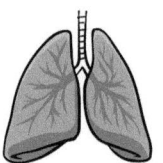

paru-paru

πνεύμονας

hati

συκώτι

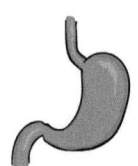

perut

στομάχι

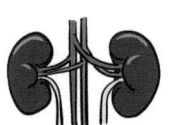

buah pinggang

νεφρά

seks

σεξουαλική επαφή

kondom

προφυλακτικό

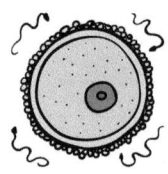

faraj

ωάριο

mani

σπέρμα

mengandung

εγκυμοσύνη

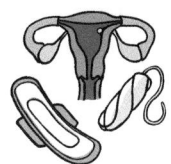

haid

περίοδος

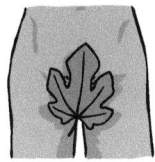

faraj

γυναικείος κόλπος

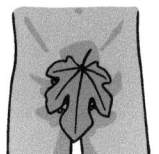

penis

πέος

kening

φρύδι

rambut

μαλλιά

leher

λαιμός

hospital
νοσοκομείο

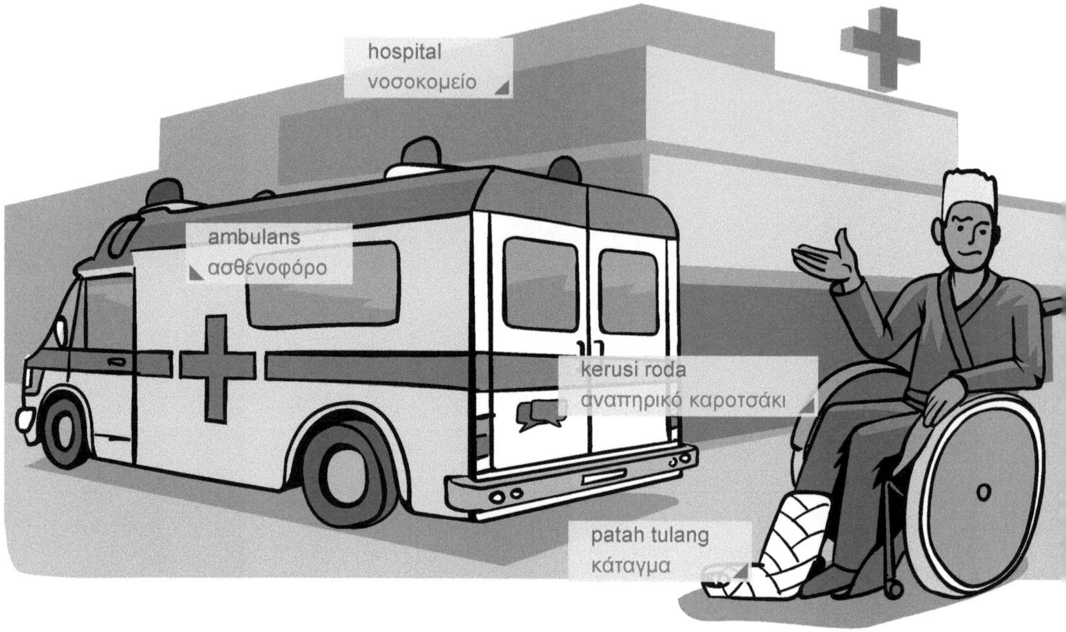

hospital
νοσοκομείο
ambulans
ασθενοφόρο
kerusi roda
αναπηρικό καροτσάκι
patah tulang
κάταγμα

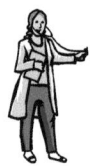

doktor
γιατρός

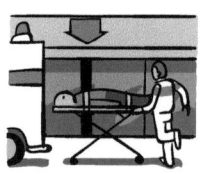

bilik kecemasan
μονάδα εντατικής θεραπείας

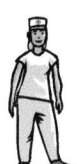

jururawat
νοσοκόμα

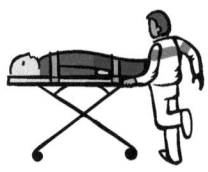

kecemasan
έκτακτη ανάγκη

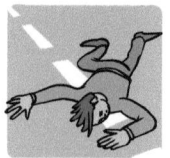

tak sedar
λιπόθυμος

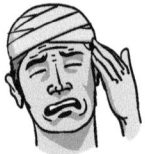

sakit
πόνος

kecederaan

τραύμα

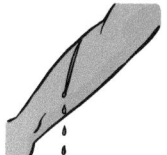

pendarahan

αιμορραγία

serangan jantung

έμφραγμα

strok

εγκεφαλικό

alergi

αλλεργία

batuk

βήχας

demam

πυρετός

selesema

γρίπη

cirit-birit

διάρροια

sakit kepala

πονοκέφαλος

kanser

καρκίνος

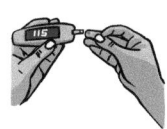

diabetes

διαβήτης

pakar bedah

χειρουργός

pisau bedah

νυστέρι

pembedahan

εγχείρηση

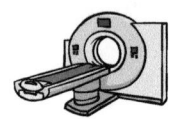

CT

αξονική τομογραφία

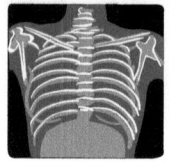

x-ray

ακτινογραφία

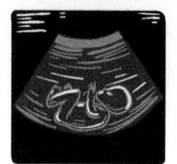

ultrabunyi

υπέρηχος

topeng muka

μάσκα

penyakit

ασθένεια

bilik menunggu

αίθουσα αναμονής

penongkat

πατερίτσα

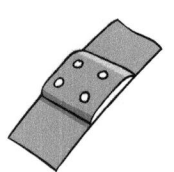

plaster

χάνσαπλαστ

pembalut

επίδεσμος

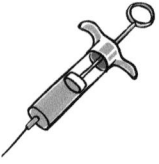

suntikan

ένεση

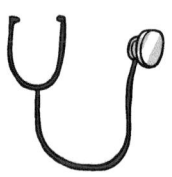

stetoskop

στηθοσκόπιο

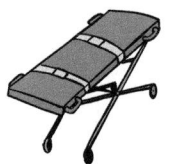

pengusung

φορείο

termometer klinik

θερμόμετρο

kelahiran

γέννηση

berat badan berlebihan

υπέρβαρο

alat pendengaran

ακουστικό βαρηκοΐας

disinfektan

αντισηπτικό

jangkitan

λοίμωξη

virus

ιός

HIV / AIDS

HIV/AIDS

perubatan

φάρμακο

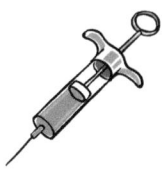

vaksinasi

εμβολιασμός

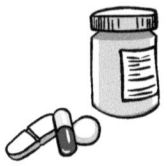

tablet

δισκία

pil

χάπι

panggilan kecemasan

κλήση έκτακτης ανάγκης

pantau tekanan darah

πιεσόμετρο αίματος

sakit / sihat

άρρωστος / υγιής

Tolong!

Βοήθεια!

penggera

συναγερμός

serang

βιαιοπραγία

serangan

επίθεση

bahaya

κίνδυνος

pintu kecemasan

έξοδος κινδύνου

Api!

Φωτιά!

alat pemadam api

πυροσβεστήρας

kemalangan

ατύχημα

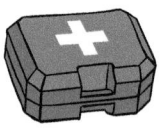

alat pertolongan cemas

κουτί πρώτων βοηθειών

SOS

SOS

polis

αστυνομία

Eropah

Ευρώπη

Amerika Utara

Βόρεια Αμερική

Amerika Selatan

Νότια Αμερική

Afrika

Αφρική

Asia

Ασία

Australia

Αυστραλία

Atlantic

Ατλαντικός Ωκεανός

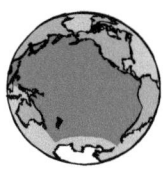

Pasifik

Ειρηνικός Ωκεανός

Lautan Hindi

Ινδικός Ωκεανός

Lautan Antartik

Ανταρκτικός Ωκεανός

Lautan Artik

Αρκτικός Ωκεανός

Kutub utara

Βόρειος Πόλος

Kutub Selatan

Νότιος Πόλος

Antartika

Ανταρκτική

bumi

Γη

tanah

γη

laut

θάλασσα

pulau

νησί

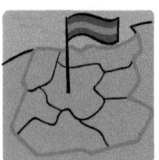

negara

έθνος

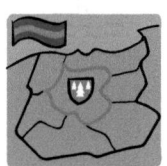

negeri

πολιτεία

muka jam

καντράν ρολογιού

tangan jam

ωροδείκτης

tangan minit

λεπτοδείκτης

terpakai

δείκτης δευτερολέπτων

Jam berapa sekarang

Τι ώρα είναι;

hari

ημέρα

masa

χρόνος

sekarang

τώρα

jam digital

ψηφιακό ρολόι

minit

λεπτό

jam

ώρα

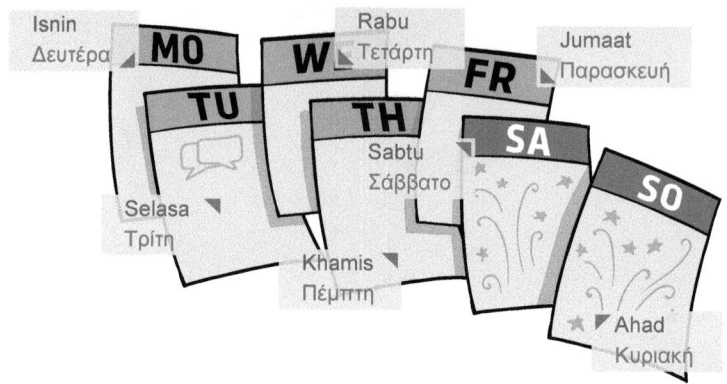

Isnin / Δευτέρα — MO
Rabu / Τετάρτη — W
Jumaat / Παρασκευή — FR
TU
TH
Selasa / Τρίτη
Sabtu / Σάββατο
SA
Khamis / Πέμπτη
SO
Ahad / Κυριακή

semalam

χθες

hari ini

σήμερα

esok

αύριο

pagi

πρωί

tengah hari

μεσημέρι

petang

βράδυ

MO	TU	WE	TH	FR	SA	SU
1	2	3	4	5	6	7
8	9	10	11	12	13	14
15	16	17	18	19	20	21
22	23	24	25	26	27	28
29	30	31	1	2	3	4

hari kerja

εργάσιμες ημέρες

MO	TU	WE	TH	FR	SA	SU
1	2	3	4	5	6	7
8	9	10	11	12	13	14
15	16	17	18	19	20	21
22	23	24	25	26	27	28
29	30	31	1	2	3	4

hari minggu

Σαββατοκύριακο

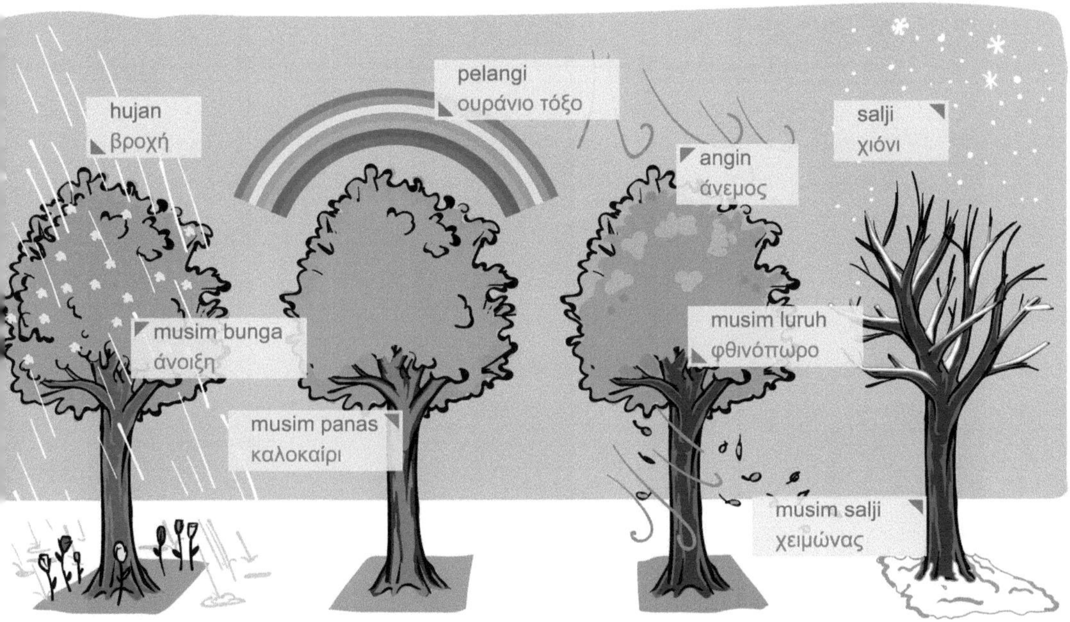

hujan
βροχή
pelangi
ουράνιο τόξο
angin
άνεμος
salji
χιόνι
musim bunga
άνοιξη
musim panas
καλοκαίρι
musim luruh
φθινόπωρο
musim salji
χειμώνας

4.APRIL 11°
5.APRIL 4°
6.APRIL 13°
7.APRIL 8°
8.APRIL 10°

ramalan cuaca

πρόγνωση καιρού

F C
120 90 60 30 0 -30
40 30 20 10 0 -10 -20

termometer

θερμόμετρο

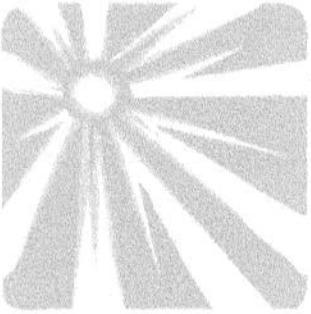

sinar matahari

λιακάδα

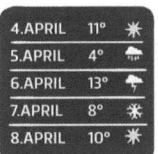

awan

σύννεφο

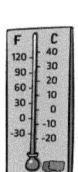

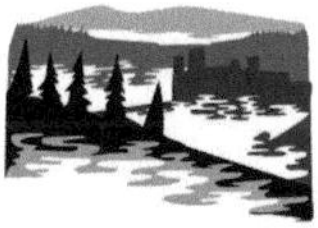

kabus

ομίχλη

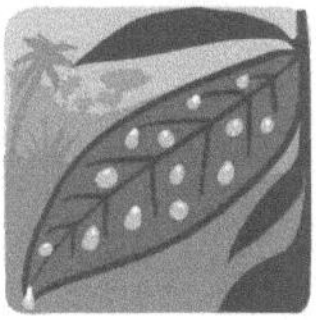

lembapan

υγρασία

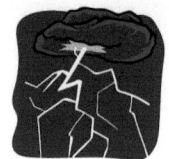

kilat

αστραπή

petir

κεραυνός

ribut

καταιγίδα

hujan batu

χαλάζι

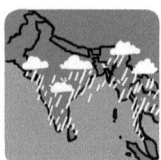

monsun

μουσώνας

banjir

πλημμύρα

ais

πάγος

Januari

Ιανουάριος

Februari

Φεβρουάριος

Mac

Μάρτιος

April

Απρίλιος

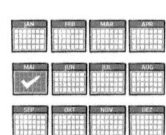

Mei

Μάιος

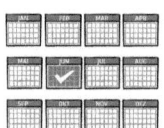

Jun

Ιούνιος

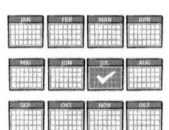

Julai

Ιούλιος

Ogos

Αύγουστος

tahun - έτος

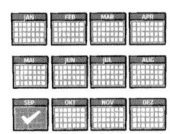

September
....
Σεπτέμβριος

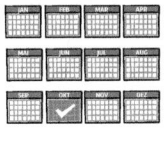

Oktober
....
Οκτώβριος

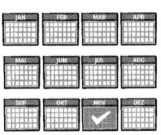

November
....
Νοέμβριος

Disember
....
Δεκέμβριος

bentuk
σχήματα

bulatan
....
κύκλος

petak
....
τετράγωνο

segi empat tepat
....
ορθογώνιο
παραλληλόγραμμο

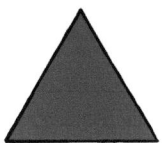

segitiga
....
τρίγωνο

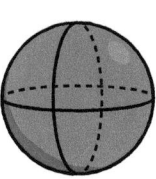

sfera
....
σφαίρα

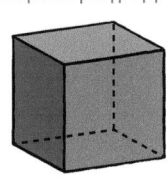

kiub
....
κύβος

putih

άσπρο

kuning

κίτρινο

oren

πορτοκαλί

merah jambu

ροζ

merah

κόκκινο

ungu

μωβ

biru

μπλε

hijau

πράσινο

coklat

καφέ

kelabu

γκρι

hitam

μαύρο

banyak / sedikit

πολύ / λίγο

marah / tenang

θυμωμένος / ήρεμος

cantik / hodoh

όμορφος / άσχημος

bermula / tamat

αρχή / τέλος

besar kecil

μεγάλος / μικρός

terang / gelap

φωτεινός / σκοτεινός

abang / kakak

αδελφός / αδελφή

bersih / kotor

καθαρός / λερωμένος

lengkap / tidak lengkap

πλήρης / ατελής

hari / malam

ημέρα / νύχτα

mati / hidup

νεκρός / ζωντανός

luas / sempit

φαρδύς / στενός

boleh dimakan / tidak boleh dimakan

βρώσιμος / μη βρώσιμος

jahat / baik

κακός / ευγενικός

teruja / bosan

ενθουσιασμένος / βαριεστημένος

gemuk / kurus

παχύς / λεπτός

pertama / terakhir

πρώτος / τελευταίος

kawan / musuh

φίλος / εχθρός

penuh / kosong

γεμάτος / άδειος

keras / lembut

σκληρός / μαλακός

berat / ringan

βαρύς / ελαφρύς

lapar / dahaga

πείνα / δίψα

sakit / sihat

άρρωστος / υγιής

menyalahi undang-undang / undang-undang

παράνομος / νόμιμος

pintar / bodoh

έξυπνος / χαζός

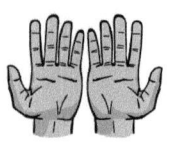

kiri / kanan

αριστερός / δεξιός

dekat / jauh

κοντινός / μακρινός

baru / lama

καινούριος /
μεταχειρισμένος

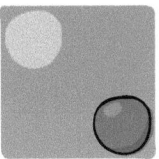

tiada / sesuatu

τίποτα / κάτι

tua / muda

γέρος | νέος

hidup / mati

αναμμένος / σβηστός

terbuka / tertutup

ανοιχτός / κλειστός

diam / bising

χαμηλόφωνος /
μεγαλόφωνος

kaya / miskin

πλούσιος / φτωχός

betul / salah

σωστός / λανθασμένος

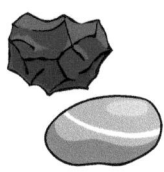

kasar / halus

τραχύς / λείος

sedih / gembira

λυπημένος / χαρούμενος

pendek / panjang

κοντός / μακρύς

lambat / laju

αργός / γρήγορος

basah / kering

υγρός / στεγνός

panas / sejuk

ζεστός / δροσερός

berperang / berdamai

πόλεμος / ειρήνη

0

sifar

μηδέν

1

satu

ένα

2

dua

δύο

3

tiga

τρία

4

empat

τέσσερα

5

lima

πέντε

6

enam

έξι

7

tujuh

εφτά

8

lapan

οκτώ

9

sembilan

εννιά

10

sepuluh

δέκα

11

sebelas

έντεκα

12

dua belas
δώδεκα

13

tiga belas
δεκατρία

14

empat belas
δεκατέσσερα

15

lima belas
δεκαπέντε

16

enam belas
δεκαέξι

17

tujuh belas
δεκαεφτά

18

lapan belas
δεκαοκτώ

19

Sembilan belas
δεκαεννέα

20

dua puluh
είκοσι

100

ratus
εκατό

1.000

ribu
χίλια

1.000.000

juta
εκατομμύριο

Bahasa Inggeris

Αγγλικά

Bahasa Inggeris Amerika

Αμερικάνικα Αγγλικά

Bahasa Cina Mandarin

Μανδαρίνικα Κινέζικα

Bahasa Hindi

Χίντι

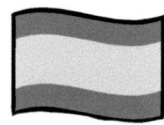

Bahasa Sepanyol

Ισπανικά

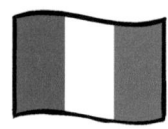

Bahasa Perancis

Γαλλικά

Bahasa Arab

Αραβικά

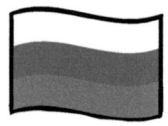

Bahasa Rusia

Ρώσικα

Bahasa Portugis

Πορτογαλικά

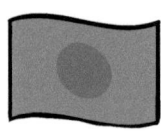

Bahasa Benggali

Μπενγκάλι

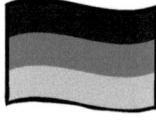

Bahasa Jerman

Γερμανικά

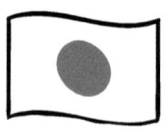

Bahasa Jepun

Ιαπωνικά

saya

εγώ

anda

εσύ

dia / dia / ia

αυτός / αυτή / αυτό

kita

εμείς

anda

εσείς

mereka

αυτοί / αυτές / αυτά

siapa?

ποιος / ποια / ποιο;

apa?

τι;

bagaimana?

πώς;

di mana?

πού;

bila?

πότε;

nama

όνομα

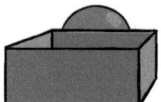

belakang

πίσω

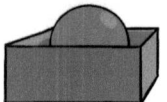

dalam

μέσα

di hadapan

μπροστά

lebih

πάνω από

pada

πάνω

di bawah

κάτω

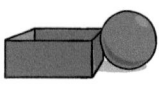

bersebelahan

δίπλα

antara

ανάμεσα

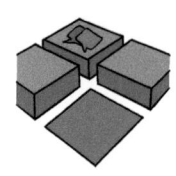

tempat

μέρος